Die Macht der Positiven Disziplin

7 Einfache Techniken, um Willenskraft zu Stärken, Mentale Widerstandskraft zu Verbessern und Deine Ziele Mühelos zu Erreichen

Logan Mind

Copyright © 2024 - All rights reserved.

EMOTIONAL INTELLIGENCE

for Social Success

FREE DOWNLOAD: pxl.to/loganmindfreebook

LOGAN MIND

EXTRAS

https://pxl.to/LoganMind

Books

Workbooks

FREE GIFTS

Review Team

Audiobooks

Contacts

CLICK NOW!

@loganmindpsychology

Holen Sie sich Ihr kostenloses Buch!

Als Dankeschön für Ihren Kauf biete ich meinen Lesern das Buch **Emotionale Intelligenz für sozialen Erfolg** KOSTENLOS an.

Im Buch werden Sie entdecken:

- Wie man die Emotionen anderer lesen und beeinflussen kann
- Techniken zur effektiven Verwaltung und Nutzung Ihrer eigenen Emotionen
- Strategien zur Etablierung stärkerer persönlicher und beruflicher Beziehungen
- Einblicke in die Verbesserung sozialer Fähigkeiten für ein erfüllteres Leben

Wenn Sie die Fähigkeiten beherrschen möchten, um Ihre sozialen Interaktionen zu verbessern und bessere Beziehungen aufzubauen, sollten Sie sich unbedingt das kostenlose Buch sichern.

So erhalten Sie das Buch:

- Folgen Sie dem untenstehenden Link
- Klicken Sie auf KOSTENLOSES Buch
- Sprache auswählen

Um sofortigen Zugriff zu erhalten, gehen Sie einfach zu:

https://pxl.to/LoganMind

So laden Sie Ihre Extras herunter

Willkommen! Dieses Buch verspricht, Sie mit den Werkzeugen und Techniken auszustatten, um die Kraft der positiven Selbstdisziplin zu nutzen. Aber warum dort aufhören? Stellen Sie sich vor, zusätzliche Ressourcen direkt zur Hand zu haben, um Ihre **Reise** reibungsloser und bereichernder zu gestalten. Deshalb biete ich einige unglaublich **wertvolle Extras** an, um Ihnen sofort zu helfen, das Gelernte anzuwenden, Ihre Willenskraft zu stärken und Ihren Fortschritt aufrechtzuerhalten.

Diese Extras sind darauf ausgelegt, als **ergänzendes Unterstützungssystem** für Ihre Selbstdisziplin-Praxis zu dienen, um sie einfacher und **effektiver** zu gestalten:

- **21-Tage-Herausforderung**: Ein praktischer, schrittweiser Leitfaden, um Ihre Disziplin anzukurbeln und Schwung aufzubauen.
- **101+ Motivierende Zitate für Willenskraft**: Schnelle Inspirationen, um Sie motiviert und fokussiert zu halten.
- **Tägliche Gewohnheiten-Checkliste**: Strukturiert, um Ihnen zu helfen, Ihre neuen positiven Gewohnheiten zu verfolgen und beizubehalten.
- **Bonus: Emotionale Intelligenz für sozialen Erfolg**: Eine umfassende Ressource zur Verbesserung Ihrer zwischenmenschlichen Fähigkeiten.

Befolgen Sie diese einfachen Schritte, um Ihre Extras herunterzuladen:

- Folgen Sie dem unten stehenden Link
- Klicken Sie auf das Buchcover
- Klicken Sie auf EXTRAS
- Geben Sie die Sprache ein, die Sie sprechen
- Klicken Sie auf Download
- Laden Sie die Datei von der sich öffnenden Seite herunter.

Schauen Sie sich die Extras hier an:

https://pxl.to/LoganMind

Interessiert an anderen Büchern?

Findest du Wert in diesem Buch? Stell dir vor, wie viel tiefer dein Verständnis mit ergänzenden Büchern zu verwandten Themen werden könnte. **Die Erforschung** verschiedener Aspekte des persönlichen Wachstums wird nur die immensen Fortschritte festigen und erweitern, die du bereits erzielt hast.

- **Mentale Stärke und Widerstandsfähigkeit:**

Während du die Techniken in diesem Buch gemeistert hast, ist die Entwicklung mentaler Stärke ein weiterer entscheidender Schritt. Mein demnächst erscheinendes Buch konzentriert sich darauf, eine unerschütterliche Denkweise aufzubauen, um sich elegant den Herausforderungen des Lebens zu stellen. Diese Ergänzung zu deinem Lesestoff wird sich mit deinem aktuellen Wissen harmonisieren und dich noch widerstandsfähiger machen.

- **Achtsamkeit und Meditation:**

Disziplin ist natürlich entscheidend. Aber die Verbindung deiner neu gefundenen Disziplin mit Achtsamkeit und Meditation kann dein tägliches Leben erheblich verstärken. In meiner strukturierten Anleitung findest du praktische Techniken, um Gelassenheit und Fokus durch achtsame Praktiken zu erreichen. Du kannst sie sehr bald in den Regalen erwarten.

- **Produktivitätstricks und Gewohnheiten:**

Die Maximierung der Kraft disziplinierter Handlungen erfordert effizientes Zeitmanagement und Gewohnheiten, die deine Ziele unterstützen. In meinem kürzlich erschienenen Buch gehe ich auf leistungsstarke Produktivitätstricks ein, die eine banale Routine in einen optimierten Arbeitsablauf verwandeln können. Diese Ressource ist maßgeschneidert, um alles zu ergänzen, was du aus aktuellen Lektüren gewonnen hast.

Diese zusätzlichen Lektüren werden nicht nur dein Verständnis für positive Selbstdisziplin vertiefen, sondern auch deinen gesamten persönlichen Wachstumsweg erheblich bereichern.

Interessiert daran, mehr von meinen Werken zu entdecken? **Folge dem Link** unten:

- **Schau dir die Bücher und Kontakte hier an**:

https://pxl.to/LoganMind

Treten Sie meinem Bewertungsteam bei!

Vielen Dank, dass Sie mein Buch gelesen haben! Ihre Unterstützung bedeutet mir sehr viel, und ich freue mich, Lesern wie Ihnen die Möglichkeit zu bieten, ein integraler Bestandteil meines **Bewertungsteams** zu werden.

Wenn Sie gerne lesen und darauf brennen, neue Bücher in die Hand zu bekommen, würde ich mich freuen, Sie an Bord zu haben. Wenn Sie meinem **ARC-Team** beitreten, erhalten Sie kostenlose Exemplare meiner kommenden Bücher im Austausch für Ihr ehrliches Feedback. Dieses Feedback ist unbezahlbar und hilft mir, mich mit jeder Veröffentlichung zu verbessern.

So können Sie teilnehmen:

- Klicken Sie auf den Link oder scannen Sie den QR-Code unten.
- Klicken Sie auf das Buchcover auf der sich öffnenden Seite.
- Klicken Sie auf "Bewertungsteam beitreten".
- Registrieren Sie sich bei BookSprout.
- Werden Sie jedes Mal benachrichtigt, wenn ich ein neues Buch veröffentliche.

Schauen Sie sich das Team hier an:

https://pxl.to/LoganMind

Einführung

"Selbstdisziplin ist die magische Kraft, die dich praktisch unbesiegbar macht."

Sprechen diese Worte dich an? Verwirrt es dich vielleicht ein wenig, wie einige Menschen eine fast magische Kraft zu besitzen scheinen, die sie unaufhaltsam zu ihren Zielen treibt, während der Rest von uns mit Aufschieben und Selbstzweifeln kämpft?

Hier ist etwas, was ich durch das Coaching unzähliger Einzelpersonen und die Zusammenarbeit mit einigen der schärfsten Köpfe in führenden Branchen gelernt habe - es ist keine Magie, es ist **Disziplin**. Genauer gesagt, es ist **positive Selbstdisziplin**. Du fragst dich vielleicht, was positive Disziplin von der Selbstdisziplin unterscheidet, die wir alle zu einem bestimmten Zeitpunkt versucht haben, mit unterschiedlichem Erfolg.

In diesem Buch führe ich dich durch das Verständnis dieser Unterscheidung. Seien wir ehrlich: Wir alle kämpfen zu einem gewissen Zeitpunkt damit, unseren Zielen treu zu bleiben. Es könnte sein, sich an einen Fitnessplan zu halten, diesem zusätzlichen Stück Kuchen zu widerstehen oder sich durch ein herausforderndes Projekt bei der Arbeit zu kämpfen. Der Inhalt hier ist darauf ausgelegt, deine Willenskraft zu stärken, deine mentale Stärke zu steigern und letztendlich - ja, **selbstbewusst** - dir zu helfen, deine Ziele ohne den üblichen Kampf zu erreichen.

Ich möchte, dass du über einige der Frustrationen nachdenkst, mit denen du jeden Tag konfrontiert bist. Vielleicht geht es darum, wichtige Projekte aufzuschieben. Oder vielleicht ist es dieser innere Kritiker, der dich niederreißt. Vertrau mir, ich weiß, wie lähmend diese Hindernisse sein können, denn ich habe sie auch erlebt. Die

Vorteile, die du durch die Beschäftigung mit diesem Buch genießen wirst, sind immens. Du wirst aufschlussreiche Techniken gewinnen, die mit menschlichem Verhalten und Psychologie übereinstimmen, Methoden, die ich sowohl recherchiert als auch in meinen Coaching-Sitzungen mit Führungskräften und Einzelpersonen angewendet habe.

Hier ist, warum du dem, was ich mit dir teile, vertrauen kannst. Mein Job bestand immer darin, die Kluft zwischen hochtrabenden psychologischen Theorien und der praktischen Anwendung in der realen Welt zu überbrücken. Denke an dieses Buch als deine persönliche Brücke. Meine Wurzeln liegen tief im akademischen Rigor - ich habe ein Leben lang in der Studie und praktischen Anwendung von Psychologie, Philosophie und Kommunikation verbracht. Nachdem ich die Gelegenheit hatte, mit verschiedenen Organisationen und ihren Führungskräften zu arbeiten, habe ich aus erster Hand erlebt, wie die Anwendung von positiver Disziplin ganze Leben verändert - meines eingeschlossen.

Okay, genug von mir! Lass uns über das sprechen, in was du in diesem Buch eintauchen wirst. Es ist in Teile strukturiert, die aufeinander aufbauen, wie Schichten eines sehr motivierenden Kuchens. Wir beginnen damit, das Fundament zu legen, wirklich in die Wissenschaft einzutauchen, wie Disziplin in Teilen des Gehirns funktioniert und warum unsere Emotionen tief mit unserer Selbstkontrolle verbunden sind. Diese wissenschaftliche Grundlage ist notwendig, um einen messbaren und nachhaltigen Ansatz zur Selbstdisziplin zu entwickeln. Vertrau mir, zu wissen, *wie* Willenskraft in deinem Gehirn funktioniert, ist merkwürdig ermächtigend.

Als nächstes erkunden wir das psychologische Terrain hinter persönlichem Wachstum. Veränderung ist ein großes Thema, und unsere angeborene Neigung zum Status quo zu überwinden (Ja, das bedeutet, aus unseren gemütlichen Komfortzonen herauszutreten) erfordert strategisches Denken. Und hier sprechen wir darüber, wie du deine Vision für persönliches Wachstum formulierst, unterstützt von raffinierten psychologischen Konzepten.

Dann tauchen wir tief in das Konzept ein, das mich zutiefst fasziniert - mentale Stärke. Hier setzen wir zusammen, wie du deine Konzentration verbesserst, kognitive Fähigkeiten stärken und deine Impulskontrolle steigern kannst.

Aber hey, einen Wolkenkratzer ohne solides Fundament zu bauen endet nicht besonders gut, oder? Deshalb dreht sich Teil 2 darum, sich auf den Erfolg vorzubereiten. Vom Setzen absichtlicher, *kluger* Ziele bis hin zum Aufbau von Gewohnheiten, die langfristige Positivität gewährleisten - wir zerlegen Strategien, die die Bühne für nachhaltigen Erfolg bereiten. Ich meine, wer wusste schon, dass es eine Methode wie "WOOP" gibt, oder? Tipp: Es steht für Wunsch, Ergebnis, Hindernis und Plan. Wir gehen über abstrakte Ideen hinaus, um dir konkrete Routinen zu geben, sei es in deiner Ernährung, deinem Schlaf oder einfach nur in der besseren Zeitplanung.

Und weil jeder Weg zum Erfolg mit Herausforderungen gespickt ist, wirst du erfahren, wie du durch gängige Fallstricke wie Aufschieben kommst und mit Unbehagen umgehst. Vertrau mir, das sind spezifische Hindernisse, die wir alle ein wenig zu gut kennen!

Schließlich werden wir in Teil 3 unser Wissen in die Praxis umsetzen, mit Einblicken in die Beherrschung des Zeitmanagements und die nahtlose Implementierung der Selbstdisziplin in den täglichen Aktivitäten. Dauerhafte Ergebnisse zu erzielen, geht nicht darum, Tag für Tag zu schuften - es ist ein Gleichgewicht zwischen anhaltender Motivation und effizienter Erholung.

Hier ist dein Handlungsaufruf: Tauche in diese Kapitel ein, genieße jede Technik und wende das an, was für dich wahr ist. Nutze dieses Buch als deinen persönlichen Bauplan, um das Leben aufzubauen, das du anstrebst. Alles, was dazu nötig ist, ist eine Prise **positive**

Selbstdisziplin - eine Fähigkeit, die du vollkommen fähig bist zu kultivieren.

Bist du bereit, die Transformation zu beginnen? Tauche in das nächste Kapitel ein und lass uns diese Reise zu einem von Willenskraft erfüllten, disziplinierteren Selbst beginnen!

Teil 1: Die Grundlagen legen

Kapitel 1: Die Wissenschaft der positiven Disziplin

"Die Essenz wahrer Disziplin wird von Liebe, nicht von Angst, angetrieben."

Lass uns einen Moment über Disziplin nachdenken - warum brauchen wir sie? Dieses Kapitel taucht ein in die *unglaubliche* Welt der **positiven Disziplin** und hilft uns zu verstehen, warum sie wirklich wichtig ist. Stell dir vor: Du versuchst, diese Hausaufgaben zu beenden, aber Ablenkungen sind überall. Es ist so frustrierend, nicht wahr? Genau hier kommt die positive Disziplin ins Spiel, die Freundlichkeit und klare Regeln kombiniert.

Du wirst über *Selbstkontrolle* und warum es nicht nur Willenskraft ist, die dich durch schwierige Aufgaben bringt, erfahren. Unsere Gehirne haben einen biologischen Bauplan für *Willenskraft* - irgendwie wie eine geheime Waffe! Hast du dich jemals gefragt, warum deine Emotionen oft deine besten Absichten sabotieren? Wir werden auch darauf eingehen, wie unsere Gefühle eine *enorme* Rolle dabei spielen, ob wir erfolgreich sind oder scheitern.

Noch wichtiger ist, dass positive Disziplin nicht nur darum geht, in der Schule oder bei der Arbeit besser zu werden; sie hat auch einige großartige Vorteile für deine *mentale Gesundheit*! Stell dir vor, wie du dich entspannter und weniger gestresst fühlst, weil du gute Gewohnheiten aufgebaut hast.

Also... lass uns loslegen! Denn das Verständnis für positive Disziplin kann das Spiel für dich völlig verändern. Verpasse es nicht. Tauche in dieses Kapitel ein, um Antworten auf diese quälenden Fragen zu finden und, wer weiß, vielleicht entdeckst du auf dem Weg ein neues Ich. Bereit? Los geht's!

Verständnis der positiven Disziplin

Also, lasst uns darüber sprechen, was **positive Disziplin** tatsächlich bedeutet. Positive Disziplin konzentriert sich darauf zu lehren und zu führen, anstatt zu bestrafen. Denken Sie daran als den "sanften" Weg, jemanden - ein Kind oder sogar sich selbst - zu besseren Entscheidungen zu führen. Es zielt darauf ab, Respekt, ein Gefühl von Verantwortung und die Fähigkeit, unabhängig zu denken, zu fördern.

Bestrafende Disziplin hingegen geht es um Strafen und Bestrafung. Dieser Ansatz mag kurzfristig funktionieren, um Fehlverhalten durch Furcht einzudämmen, aber er erzeugt oft über die Zeit hinweg Groll, Trotz und sogar mehr Fehlverhalten. Es ist wie eine Fliege mit einem Hammer zu erschlagen - sicher, man mag die Fliege treffen, aber man wird wahrscheinlich mehr Schaden als Nutzen anrichten.

Positive Disziplin nutzt Verstärkung durch Ermutigung und Unterstützung. Wir alle wollen Lob, nicht wahr? Jeder gedeiht auf Anerkennung, auf den Worten "Du hast einen tollen Job gemacht!" oder "Ich bin stolz auf dich!" Ermutigung baut eine Person auf - sie legt den Grundstein für Selbstwirksamkeit, den Glauben daran, dass man mit den Herausforderungen des Lebens umgehen kann. Zum Beispiel wird das Lob für die Anstrengung eines Kindes beim Aufräumen seines Zimmers, auch wenn es nicht perfekt ist, ihn eher dazu bringen, sich gut zu fühlen und die gute Arbeit fortzusetzen. Im Gegensatz dazu, nichts zu sagen oder für kleine Unordnungen zu bestrafen - was ist daran inspirierend?

Die Idee ist einfach: Ermutigung fördert langfristige Verhaltensänderungen. Wenn man unterstützt wird und sich fähig fühlt, ist man eher bereit, sich weiter zu verbessern. "Positive Disziplin geht darum zu führen anstatt zu bestrafen, sich darauf zu konzentrieren, jemanden auf unterstützende Weise zum richtigen Weg zu führen." Wenn wir uns gesehen und unterstützt fühlen, sind wir eher bereit, uns zu verbessern, Rückschläge eleganter zu bewältigen und diese guten Verhaltensweisen auf lange Sicht beizubehalten.

In der Verhaltenswissenschaft gibt es dieses Konzept des "Verstärkungseffekts". Im Wesentlichen macht positive Verstärkung (wie Lob für gutes Verhalten) dieses Verhalten wahrscheinlicher. In einer unterstützenden Umgebung sind Menschen viel offener für dauerhafte positive Veränderungen. Stellen Sie sich vor, wie beeindruckend das nicht nur für Kinder, sondern für jeden sein kann, der versucht, neue Gewohnheiten anzunehmen, wie fit zu werden oder regelmäßig zu studieren.

Um es in die Praxis umzusetzen, hier sind ein paar Tipps:

- Bieten Sie Lob und Belohnungen für erreichte Meilensteine an, egal wie klein sie erscheinen mögen. Jeder liebt Goldsterne - nicht nur Kinder.
- Zerlegen Sie Aufgaben in überschaubare Schritte. Das Verständnis dessen, was getan werden muss, macht die Aufgabe weniger entmutigend und erreichbarer.
- Beteiligen Sie sich an positivem Selbstgespräch. Sagen Sie Dinge wie "Ich bin auf dem richtigen Weg" oder "Jeder Aufwand zählt".
- Nutzen Sie Fehler als Lernmöglichkeiten anstatt Momente, um Strafen oder Kritik zu verteilen.

Durch die Konzentration auf diese kleinen, unterstützenden Handlungen fördert positive Disziplin eine Wachstumsmentalität. Wenn dieser Ansatz konsequent angewendet wird, werden Menschen - ob sie kleine Kinder oder erwachsene Erwachsene sind

- motivierter, widerstandsfähiger und selbstgesteuerter sein. Außerdem, wer schätzt konstruktive Rückmeldungen nicht mehr als harte Kritik?

Letztendlich besteht die Essenz der positiven Disziplin darin, eine progressive Perspektive zu ermutigen, Schritt für Schritt voranzukommen. Sie erkennt an, dass Menschen intrinsisch durch Freundlichkeit und Unterstützung motiviert sind, durch einen sanften Schub in die richtige Richtung. Bestrafungen mögen unerwünschtes Verhalten vorübergehend unterdrücken, möglicherweise sogar Furcht einflößen, aber sie fördern keine dauerhafte Veränderung oder Wachstum. Positive Disziplin hingegen schafft eine Umgebung, in der Einzelpersonen sich sicher und ermutigt fühlen, aus ihren Fehlern zu lernen. Es ist zweifellos ein nachhaltigerer und humanerer Weg, um konsistente Verhaltensverbesserungen zu fördern und den Weg für eine persönliche Entwicklung zu ebnen, die sowohl aufrichtig als auch dauerhaft ist.

Also, wenn wir über die positive Veränderung von Verhalten sprechen, geht es darum, das Gute zu verstärken und von Handlungen Abstand zu nehmen, die jemanden herunterziehen könnten - denn der Weg, unser besseres Selbst zu werden, gedeiht immer besser in einer Umgebung, die von Unterstützung, Fürsorge und Positivität durchdrungen ist.

Die biologische Grundlage der Selbstkontrolle.

Okay, lass uns darüber sprechen, was in unseren Gehirnen passiert, wenn wir versuchen, unsere Impulse zu kontrollieren. Um ins Rollen zu kommen, müssen wir mit dem **präfrontalen Kortex** beginnen. Dieser Teil des Gehirns, direkt hinter deiner Stirn, ist wie der Manager eines geschäftigen Büros. Er überwacht

Entscheidungsfindung, Planung und im Grunde genommen alles, was wir brauchen, um unser Leben organisiert zu halten. Wenn du versuchst, diesem zusätzlichen Keks zu widerstehen oder eine schwierige Hausaufgabe zu bewältigen, ist es dein präfrontaler Kortex, der die Arbeit leistet.

Die Handlungen des präfrontalen Kortex werden von **Neurotransmittern** geleitet - diese chemischen Botenstoffe sind wie winzige Postboten, die wichtige Informationen im gesamten Gehirn übermitteln. **Dopamin** spielt beispielsweise eine entscheidende Rolle. Es wird oft als "Belohnungschemikalie" bezeichnet, weil es dabei hilft, Vergnügen und Verstärkung zu regulieren. Wenn du der Versuchung erfolgreich widerstehst, gibt dein Gehirn ein bisschen Dopamin als Signal für "gute Arbeit" frei. **Serotonin** ist ein weiterer wichtiger Akteur, der unsere Stimmung und unser Verhalten im Gleichgewicht hält, damit wir uns nicht nur gut fühlen, sondern auch ruhig und rational bleiben. Es ist, als ob ein guter Freund dir hilft, einen kühlen Kopf zu bewahren.

Aus einer **evolutionären Perspektive** begann unsere Selbstbeherrschung oder Selbstkontrolle bereits, als unsere frühen Vorfahren Ressourcen verwalten und Jagden planen mussten. Die Fähigkeit, vorauszuschauen und sich auf die Zukunft vorzubereiten, war entscheidend für das Überleben. Sie mussten Impulse kontrollieren, um sicherzustellen, dass sie in harten Zeiten genug zu essen hatten und sich vor natürlichen Bedrohungen schützen konnten. Es ist, als ob uns unsere ursprünglichen Instinkte mit der großartigen Fähigkeit hinterlassen haben, Dinge durchzudenken, vorauszuplanen und geduldig zu bleiben - Qualitäten, die über Tausende von Jahren verfeinert wurden.

Interessant ist, wie sich das in den Alltag einfügt. Hast du jemals bemerkt, wie dein Geist bei einer langweiligen Aufgabe abschweift? Das liegt daran, dass der präfrontale Kortex müde wird, ähnlich wie Muskeln nach einem Training. Deshalb fühlst du dich möglicherweise nach einem Tag voller Entscheidungen völlig erschöpft. Diese mentale Erschöpfung wirkt sich ähnlich auf die

Selbstbeherrschung aus. Wenn der präfrontale Kortex überlastet ist, fällt es schwerer, Versuchungen zu widerstehen oder bei der Aufgabe zu bleiben, weshalb ausgeruht zu sein und eine gute Ernährung tatsächlich deine Willenskraft stärken.

Es ist unbestreitbar, dass diese biologischen Elemente formen, wie wir Selbstbeherrschung ausüben. Der präfrontale Kortex führt den Angriff an, unterstützt von Neurotransmittern wie Dopamin und Serotonin, während die evolutionäre Seite erklärt, warum wir überhaupt über diese Fähigkeiten verfügen. Dieser wesentliche Aspekt unserer Gehirnfunktionen hat sich entwickelt, um sicherzustellen, dass wir nicht nur impulsiv handeln, sondern auch die zukünftigen Auswirkungen unserer Handlungen berücksichtigen - ein Beweis, der seit der Höhlenzeit bis in die moderne Welt von Bedeutung ist.

"Je mehr wir über die Feinheiten des Gehirns verstehen, desto besser ausgestattet sind wir, unser Verhalten auf eine Weise zu steuern, die ein gesünderes Selbstbewusstsein aufbaut."

Stell es dir so vor: Wir sind nicht nur den Launen oder Launen unseres Gemüts ausgeliefert; die Wissenschaft verhält sich fast wie ein Team, das uns unterstützt. Also, lassen uns die Selbstbeherrschung mit unserem präfrontalen Kortex in vollem Betrieb und diesen Neurotransmittern, die ihren Teil dazu beitragen, angehen, in dem Wissen, dass wir einen tiefen, evolutionären Vorteil haben, der auf unserer Seite ist.

Wie Willenskraft im Gehirn funktioniert

Die Hirnwissenschaft hat eine wirklich clevere Art, uns zu zeigen, wie **Willenskraft** tatsächlich funktioniert. Es ist nicht einfach nur eine magische Kraft. **Entscheidungsfindung** umfasst mehrere Teile deines Gehirns. Stell dir den Verantwortlichen vor—den

präfrontalen Kortex. Er ist der Executive deines Gehirns! Dieser Teil hilft dir dabei, Optionen zu sehen, Ergebnisse abzuwägen und Entscheidungen zu treffen. Aber er macht das nicht alleine. Er bekommt Unterstützung von anderen Hirnbereichen, einschließlich des **limbischen Systems**, das deine Gelüste und emotionalen Reaktionen steuert.

Während der **Entscheidungsfindung** lösen diese Systeme eine Art Ziehspiel aus. Stell dir vor, eine Seite will diesen Donut, die andere drängt auf einen gesünderen Snack. Dieser mächtige präfrontale Kortex wird abgenutzt, wenn du Willenskraft über einen kurzen Zeitraum hinweg immer wieder benötigst. Je mehr Entscheidungen du triffst, desto erschöpfter fühlst du dich. Es wird als "Entscheidungsmüdigkeit" bezeichnet und wird durch interessante wissenschaftliche Erkenntnisse unterstützt.

Hier kommt **Glukose** ins Spiel. Wenig Glukose—und unsere Selbstkontrolle lässt nach. Dieser Zucker versorgt unsere Gehirnaktivität. Viel Willenskraft in kurzer Zeit? Das lässt die Glukose schneller erschöpfen. Stell dir vor, du arbeitest den ganzen Tag und widerstehst Stress-Essattacken. Klingt vertraut? Wenn die Glukosereserven schwinden, schwächt sich deine Fähigkeit, Versuchungen zu widerstehen, ab. Es ist fast so, als ob dein Gehirn regelmäßig Treibstoff benötigt, um das Schiff zu steuern.

Um diese Glukosewerte stabil zu halten, klingen konsequent kleine Mahlzeiten, die nähren, wie ein kluger Plan, oder? Auf diese Weise erhält dein Gehirn die Versorgung, die es benötigt, um proaktiv Versuchungen zu widerstehen.

Dann gibt es den wirklich erhebenden Teil—Willenskraft durch Übung stärken. Es stellt sich heraus, dass Willenskraft wie Muskelaufbau ist. **Durch konsequente Nutzung kann sie im Laufe der Zeit stärker werden.** Forscher betonen, dass Willenskraftübungen, ähnlich wie körperliche Übungen, die Gesamtausdauer steigern. Es mag einfach klingen, aber kleine Veränderungen vorzunehmen, wie dem zusätzlichen Löffel

Eiscreme zu widerstehen oder sich dafür zu entscheiden, vor dem Schlafengehen zu lesen, anstatt eine Serie zu schauen, könnte helfen, die Willenskraft im Laufe der Zeit aufzubauen.

Ein Trick, der für dich interessant sein könnte? Tägliche Routinen etablieren. Die Schaffung von Gewohnheiten minimiert den Bedarf an Entscheidungen und bewahrt diese kostbare Energie. Oder ein aufgeräumter Arbeitsplatz könnte helfen, winzige Ablenkungen zu vermeiden, sodass du diese mentale Kraft für schwierigere Aufgaben sparst.

Denke an Willenskraft als eine mentale Kraft, die durch Training gestärkt werden kann. Dies macht das Erreichen deiner Ziele einfacher—nicht ein Kampf! Akzeptiere die Anforderungen des Lebens mit einer widerstandsfähigeren Denkweise.

Das eigentliche Geheimnis? Es liegt im *Verständnis* und *Wertschätzung* dieses mentalen Ausdauerspiels. Dieser Ansatz schafft eine stärkere und zuverlässigere Willenskraftmaschine.

Also, das nächste Mal, wenn du vor Entscheidungen stehst, warum nicht sanft in Richtung dieser winzigen guten Gewohnheiten drängen? Selbst sie, die scheinbar minimalen Schritte, stärken deinen internen Willenskraftmotor. Ob regelmäßiges Einlegen kurzer Übungseinheiten oder Aufräumen deines Schreibtisches, diese Handlungen stärken deine mentale Widerstandsfähigkeit. Die Verpflichtung zur Aufrechterhaltung von Verbesserungen kann eine Routine formen, um deine Willenskraft zu schärfen, ohne das Gefühl eines großen Aufwands.

Die kluge Anwendung dieser Techniken ermöglicht es dir, das Steuer der Selbstkontrolle zu übernehmen, diese mentale Kraft mit der schwer fassbaren Glukose zu versorgen und freudig zuzusehen, wie dein Entscheidungsfindungsmuskel beginnt, sich zu deinen Zielen zu neigen. Mehr aushalten, aber weniger kämpfen—es ist die Wissenschaft, die unsere Ambitionen beschleunigt. reduzierte mentale Ermüdung.

Lasst uns "Neurowissenschaft" nutzen, um eine ausgewogene Dosis kraftvoller Gehirnenergie zu mischen!

Dies passt nahtlos zu den Gehirnen hier. Betone nicht alle Entscheidungen; lasse Gewohnheiten arbeiten.

Die Rolle von Emotionen in der Selbstdisziplin

Emotionen spielen eine große Rolle in der Selbstdisziplin. Denken Sie an die Zeiten, in denen Sie von Gefühlen überwältigt waren. Vielleicht waren Sie wirklich müde oder super aufgeregt, und Ihre Pläne gerieten durcheinander. Das liegt daran, dass Emotionen auf subtile Weise hereinschleichen und unsere Entscheidungen beeinflussen. Wenn Sie glücklich, traurig oder gestresst sind, fällt es leicht, die Selbstkontrolle hintanzustellen.

Einer der größten Einflüsse von Emotionen auf die Disziplin ist die **emotionale Regulation**. Das bedeutet, wie gut Sie Ihre Gefühle managen und kontrollieren können. Wenn die Emotionen verrückt spielen, kann Selbstkontrolle fast unmöglich erscheinen. Einen kühlen Kopf zu bewahren, auch wenn die Dinge schiefgehen, hilft dabei, Entscheidungen einzuhalten und impulsive Reaktionen zu vermeiden. Aber wie macht man das, wenn die Emotionen so stark sind?

Emotionale Auslöser sind eine weitere Herausforderung. Auslöser sind die kleinen Dinge, die starke Reaktionen auslösen. Beispielsweise kann Langeweile dazu führen, dass Sie Serien in Serie schauen anstatt zu arbeiten, oder Stress könnte Sie zum Trostessen verleiten. Häufige Auslöser sind:

- **Stress:** Es lässt Sie nach schnellen Lösungen verlangen, wie Junk Food oder das Auslassen von Workouts.

- **Müdigkeit:** Müdigkeit senkt Ihre Abwehrkräfte und macht es einfacher, Versuchungen nachzugeben.
- **Aufregung:** Sehr glücklich zu sein, kann Sie unbesiegbar fühlen lassen... und vielleicht auch etwas risikofreudig bei Entscheidungen.

Also, was ist der Trick, um diese Emotionen für eine bessere Disziplin zu managen? Es gibt einige großartige Techniken, die wirklich helfen können. **Achtsamkeit** ist ein guter Anfang. Sich Ihrer Emotionen bewusst zu sein, wenn sie kommen und gehen, verhindert, dass sie die Kontrolle übernehmen. Sie können sich fragen: "Habe ich wirklich Hunger oder bin ich einfach gestresst?" Diese kurze Pause gibt genügend Raum, um weise zu wählen.

Eine weitere hilfreiche Strategie sind **Atemübungen**. Einfache Atemtechniken beruhigen Körper und Geist, helfen dabei, diese intensiven Gefühle zurückzusetzen. Versuchen Sie es das nächste Mal, wenn Sie starke Emotionen spüren – atmen Sie vier Zählungen lang ein, halten Sie vier Zählungen lang an und atmen Sie vier Zählungen lang aus.

Es ist auch wertvoll, **emotionale Tagebücher** zu führen. Das Aufschreiben Ihrer Emotionen und was sie ausgelöst hat, kann überraschende Erkenntnisse bringen. Das Erkennen von Mustern hilft dabei, diese Auslöser in der Zukunft zu antizipieren und zu planen.

Aber Emotionen sind nicht nur schlechte Nachrichten. Die Verwendung von positiven Emotionen kann Ihre Selbstdisziplin sehr *unterstützen*. Stolz auf kleine Erfolge zu sein, kann die Motivation steigern und es einfacher machen, an Ihrem Plan festzuhalten. Positive Verstärkung hilft dabei, dauerhafte Gewohnheiten zu schaffen.

Eine Geschichte fällt mir ein über einen Freund, nennen wir ihn John. John hatte Schwierigkeiten mit der Disziplin, besonders wenn er gestresst von der Arbeit war. Er gab zu, dass er oft aus

Stressgründen aß, um damit umzugehen. Nachdem er begann, seine Stressmuster zu erkennen – mit einem Tagebuch und Achtsamkeitsübungen – änderte sich einiges. Indem er seine Auslöser kannte, konnte er gesunde Snacks vorbereiten und manchmal einfach einen kurzen Spaziergang machen, um den Kopf frei zu bekommen. Kleine Schritte, aber sie machten einen großen Unterschied.

"Wenn Emotionen den Verstand übernehmen, ist die Selbstdisziplin das erste Opfer."

In einer Welt, die oft chaotisch erscheint, kann das Managen unserer inneren Welt einfach, aber kraftvoll sein. Es geht darum, sich der Emotionen bewusst zu sein, sie zu antizipieren und einen Plan zu haben. Wie man so sagt: Emotionen sind wie Wellen; wir können sie nicht stoppen, aber wir können wählen, auf welchen wir surfen möchten.

Vorteile der positiven Disziplin für die psychische Gesundheit

Also gut, lassen Sie uns direkt zur Sache kommen. Die Praxis einer positiven Disziplin bringt so viele Vorteile für Ihr **mentales Wohlbefinden** mit sich, dass Sie sich fragen werden, warum Sie nicht früher damit begonnen haben. Reduzierte **Angst** und **Stress** sind die sofortigen und spürbaren Auswirkungen. Wenn Sie klare, erreichbare Ziele und Regeln für sich selbst festlegen, werden Sie feststellen, dass die Unsicherheiten des Lebens beginnen, beherrschbar zu werden.

Angenommen, Sie haben eine große Deadline vor sich - das kann eine große Ursache für Angst sein, oder? Wenn Sie es in kleinere Teile zerlegen (und sich diszipliniert an diesen Plan halten), fühlt es sich einfach weniger überwältigend an. Es ist wie eine riesige Last von Ihren Schultern zu nehmen. Sie bekommen dieses "Ich schaffe das" Gefühl, selbst wenn die Dinge schwierig sind.

Eine weitere großartige Sache an der positiven Disziplin ist, dass sie Ihnen **Widerstandsfähigkeit** und **Bewältigungsfähigkeiten** vermittelt. Das Leben steckt voller Herausforderungen und Überraschungen, und das alles kann ziemlich stressig sein. Der coole Teil daran ist, dass wenn Sie Selbstdisziplin entwickeln, bereiten Sie sich im Grunde genommen darauf vor, diese Situationen besser zu bewältigen. Wenn Sie regelmäßig disziplinierte Routinen einhalten, wie z.B. Sport treiben oder ein Hobby pflegen, trainieren Sie Ihren Geist, auch in schwierigen Zeiten stark zu bleiben. Dies entwickelt im Laufe der Zeit mentale Stärke, verwandelt jede kleine Herausforderung in einen Schrittstein anstatt in ein Hindernis.

Übrigens, haben Sie schon einmal bemerkt, wie einige Menschen viel glücklicher und zufriedener mit ihrem Leben erscheinen? Wahrscheinlich üben viele von ihnen positive Disziplin. Eine strukturierte Herangehensweise an Ihre Ziele kann Sie zufriedener machen. Denken Sie so darüber nach: zu wissen, wohin Sie gehen und was Sie tun müssen, um dorthin zu gelangen, macht Sie sicherer, was direkt zum allgemeinen Wohlbefinden beiträgt. Sie irren nicht ziellos umher; Sie haben einen Zweck - eine Richtung.

Und es geht nicht nur um große, lebensverändernde Ziele. Tägliche Gewohnheiten wie **Achtsamkeit**, regelmäßige **Bewegung** und konsequente **Schlafmuster** tragen maßgeblich dazu bei. Stellen Sie sich vor, jeden Tag aufzuwachen und zu wissen, dass Sie kontinuierlich daran arbeiten, sich zu verbessern. Ihre Bemühungen mögen auf täglicher Basis klein erscheinen, aber sie summieren sich im Laufe der Zeit, was Ihre Lebensqualität und Zufriedenheit erheblich verbessert.

Kleine Schritte, mit Disziplin durchgeführt, führen zu großen Veränderungen.

Wenn Sie aufgrund Ihrer disziplinierten Anstrengungen Fortschritte sehen, steigert dies Ihr Selbstvertrauen. Sie beginnen sich erfolgreich zu fühlen, und dieses Gefühl des Erfolgs durchdringt andere Bereiche Ihres Lebens. Sie werden optimistischer, bereit, sich neuen Zielen zu stellen, weil Sie die positiven Ergebnisse disziplinierten Verhaltens gesehen haben.

Lassen Sie uns das nun etwas genauer betrachten, mit einigen Schlüsselpunkten:

- **Reduzierte Angst und Stress:** Strukturierte Ziele halten die Unsicherheiten des Lebens im Zaum.
- **Verbesserte Widerstandsfähigkeit und Bewältigungsfähigkeiten:** Tägliche Disziplinen stärken die mentale Widerstandskraft, machen Herausforderungen bewältigbarer.
- **Verbessertes allgemeines Wohlbefinden und Lebenszufriedenheit:** Erreichbare, konsequente Anstrengungen vermitteln ein Gefühl von Zweck und Richtung.

Da haben Sie es - allein die Praxis der positiven Disziplin kann wirklich eine Veränderung für Sie bewirken. Das Leben dreht sich plötzlich nicht mehr darum, einem Stressfaktor nach dem anderen auszuweichen; stattdessen wird es zu einer Reihe von bewältigbaren Aufgaben, die Sie zu einem glücklicheren, erfüllteren Leben führen. Sie sind nicht mehr hilflos inmitten des Chaos des Lebens, dank der Klarheit und Struktur, die die Selbstdisziplin bietet. Dies betrifft nicht nur Ihre aktuelle mentale Gesundheit, sondern legt auch eine solide Grundlage für Ihr zukünftiges Wohlergehen.

Kapitel 2: Die Psychologie hinter Veränderung

"Veränderung ist das Endresultat aller wahren Lernprozesse."

Veränderung ist schwer, oder? Wir haben alle den hartnäckigen Drang gespürt, bei dem zu bleiben, was wir kennen, auch wenn wir wissen, dass es bessere Optionen gibt. Dieses Kapitel deckt mit Hilfe der Psychologie unsere Neigungen auf - es verspricht, faszinierend zu sein.

Wir werden **aufdecken**, warum es sich sicher anfühlt, in unserer Komfortzone zu bleiben, indem wir unseren Status-Quo-Bias ansprechen. Doch Komfort hat oft seinen Preis, indem er unsere Ängste und unsere Tendenz zur Verlustaversion anspricht. (Jeder war schon mal dort - du bist nicht allein.)

Doch das ist keine Geschichte voller Leiden. Es ist eine Roadmap mit Lösungen. Stell dir vor, deine Ängste zu überwinden, deine Befürchtungen zu zerschmettern. Klingt cool, oder? Wie wäre es, **Resilienz durch positives Denken aufzubauen**? Ja, es ist möglich und eigentlich ziemlich beeindruckend.

Und warte mal - wir hören hier nicht auf. Die Veränderung deiner Denkweise kann magisch erscheinen, indem sie neue Wege freischaltet. Tatsache ist, eine Veränderung in unserem Blick auf die Welt kann alles verändern.

Zuletzt werden wir daran arbeiten, **eine Vision für persönliches Wachstum zu schaffen**. Denn wenn du dir eine bessere Version von dir selbst vorstellst, erscheint Veränderung nicht nur als notwendig - sondern auch aufregend. Bist du bereit für diese aufschlussreiche Reise? Dieses Kapitel hält die Schlüssel bereit... Ein verbessertes Du erwartet dich!

Überwindung des Status-Quo-Bias

In vertrauten Gewohnheiten festzusitzen fühlt sich sicher und gemütlich an. Du wachst auf, folgst der üblichen Routine, und es wird zu einem Zyklus, der zu eng ist, um durchbrochen zu werden. Das ist das, was wir den **"Komfort der Vertrautheit"** nennen. Es gibt eine gewisse Wärme darin zu wissen, was man jeden Tag erwarten kann, und wer liebt nicht ein Leben ohne Überraschungen?

Um zu verstehen, warum wir an diesem Komfort festhalten, ist es entscheidend zu erkennen, wie automatische Verhaltensweisen übernehmen. Dies sind Handlungen, die wir ohne bewusstes Nachdenken ausführen. Zum Beispiel, sich morgens auf dem Weg zur Arbeit einen Kaffee zu holen oder nach der Schule sofort auf die Couch zu fallen, um eine Serie zu schauen. Diese Verhaltensweisen sind an sich nicht schlecht, aber wenn sie uns davon abhalten, bessere Entscheidungen zu treffen... müssen sie herausgefordert werden.

Das Identifizieren dieser automatischen Verhaltensweisen ist wie die Erkenntnis des Autopilotmodus in deinem täglichen Leben. Hast du dich jemals dabei erwischt, Snacks zu knabbern, während du fernsiehst, ohne es zu bemerken? Das ist der Autopilot. Oder festgestellt, dass dein Telefon in deiner Hand ist, ohne dich daran zu erinnern, es aufgehoben zu haben? Wieder der Autopilot. Diese Momente zu erkennen ist der erste *Stups* zur Veränderung.

Als Nächstes sprich darüber, **diese automatischen Verhaltensweisen herauszufordern**. Das bedeutet nicht, dein Leben sofort auf den Kopf zu stellen. Es geht darum, die einfache Frage zu stellen, "Warum mache ich das?" jedes Mal, wenn du einer alten Gewohnheit folgst. Nimmst du diesen zusätzlichen Keks aus Hunger oder nur weil es 16 Uhr ist? Es sind solche kleinen Unterbrechungen, die dich aufmerksamer machen.

Wenn du den **Status Quo verändern** möchtest, fange mit kleinen, überschaubaren Schritten an. Riesige Sprünge klingen aufregend, neigen aber dazu, zu verpuffen, es sei denn, du bist bereit dafür. Versuche stattdessen:

- Ersetze einen gesunden Snack pro Tag.
- Mache einen kurzen Spaziergang anstelle eines sofortigen Hinsetzens auf die Couch.
- Widme 5 Minuten einer neuen Fähigkeit oder einem Hobby.

Jede dieser punktierten Aktionen injiziert eine kleine Dosis des Neuen in deinen Tag und ebnet den Weg für später bedeutendere Veränderungen. Denke an einfache Austausche, winzige, anstatt monumentale Veränderungen.

"Es sind die kleinen Gewohnheiten, wie du deine Morgen verbringst, wie du mit dir selbst sprichst, was du liest, was du ansiehst... die deine Tage formen. Und deine Tage... formen dein Leben."

Indem du diese kleinen Schritte machst, legst du den Grundstein dafür, später bedeutendere Gewohnheiten anzugehen. Eine positive Anpassung befeuert eine andere, und schafft allmählich einen Schwung, dem es schwer fällt zu widerstehen.

Aber jeder Weg hat seine Hindernisse. **Zurückfallen in alte Muster** passiert, und das ist in Ordnung. Der Schlüssel liegt darin, es zu erkennen und wieder anzufangen. Wenn du heute deinen Spaziergang verpasst hast, schüttle es ab und nutze die Schritte, um dich morgen einfach einmal zu bewegen. Die Flexibilität gewährleistet, dass du diesen sich entfaltenden Weg fortsetzt, anstatt steif perfekte Versuche zu unternehmen.

Durch Fokussierung auf kleine Aktionen siehst du Veränderungen, ohne dich überwältigt zu fühlen. Sicher, der Status Quo fühlt sich stabil, unerschütterlich an und vermittelt ein Gefühl von Sicherheit. Sich davon zu befreien mag beängstigend erscheinen, aber inkrementelle Veränderungen fühlen sich völlig machbar an.

Zuletzt: bleibe dran mit dem Stupsen dieser automatischen Verhaltensweisen, ersetze sie durch Aktionen, die dich zu Zielen führen... du wirst nicht einmal bemerken, wie die alten Gewohnheiten verschwinden. Bevor du es weißt, erzeugen neue Routinen dieselbe vertraute Vertrautheit. Es ist der Anfang eines Zyklus, eines aufwärts gerichteten, der mit dem übereinstimmt, was du im Leben begehrst. Erinnere dich, mache kleine, stetige Schritte nach vorne - das ist, wo die Magie beginnt!

Überwindung von Angst und Verlustaversion

Die Erkennung emotionaler Barrieren für Veränderungen ist entscheidend. **Angst** und **Verlustaversion** schleichen sich oft an und hindern dich daran, voranzukommen. Es ist diese innere Stimme, die flüstert: "Was ist, wenn das nicht funktioniert?" Das Erkennen dieser Emotionen hilft dir, die Kontrolle zu übernehmen, anstatt zuzulassen, dass sie dich kontrollieren. Wir alle haben diese Gedanken, und sie zuzugeben ist der erste Schritt, um sie zu überwinden.

Eine Möglichkeit, mit Angst umzugehen, ist es, sie neu zu interpretieren. Anstatt Angst als etwas zu sehen, das dich lähmt, denke daran als Zeichen, dass du wachsen wirst. Angst kann ein Indikator dafür sein, dass das, was du gleich tun wirst, wichtig ist.

Immer wenn du auf eine beängstigende Situation triffst, frage dich: "Wovor habe ich Angst zu verlieren?" Dies verändert deine Denkweise von einer negativen zu einer neugierigen.

Es ist aufschlussreich, die schrittweise Exposition als Technik zu betrachten. Sich der Möglichkeit des Verlustes auf kleine, überschaubare Weise zu stellen, kann einen großen Unterschied machen. Angenommen, du hast Angst davor, in der Öffentlichkeit zu sprechen, weil du dich vor der Peinlichkeit fürchtest. Beginne damit, vor einem Spiegel zu sprechen oder vor einer kleinen Gruppe. Steigere allmählich, wenn du dich wohler fühlst, die Größe des Publikums. Dies hilft dir, dich zu desensibilisieren, was die Angst im Laufe der Zeit abnimmt.

Den Aufbau einer mentalen Widerstandsfähigkeit beinhaltet das konsequente Üben dieser Strategien. Du könntest das Führen eines Tagebuchs hilfreich finden. Notiere deine Ängste und überprüfe sie regelmäßig. Sind sie immer noch so beängstigend wie anfangs? Vielleicht nicht. Auch das Gespräch mit anderen kann Wunder bewirken. Sie könnten Perspektiven anbieten, die du zuvor nicht in Betracht gezogen hast.

Beim Arbeiten an der Überwindung von Angst und Verlustaversion ergeben sich mehrere wichtige Konzepte. Eines davon ist die Erkenntnis, dass du die Macht hast, deine Denkweise zu verändern. Denke an den Moment, als du gegen dein übliches, von Angst getriebenes Verhalten vorgegangen bist. Hat es nicht befreiend gewirkt? Eigentümere dir dieses Gefühl und nutze es als Antrieb für dein nächstes Vorhaben.

"Das Einzige, was wir zu fürchten haben, ist die Furcht selbst."

Sich von der Idee zurückzuziehen, dass du Unannehmlichkeiten vermeiden musst, ist entscheidend. Unannehmlichkeiten gehen oft dem Wachstum voraus. Du erlebst Unbehagen, wenn du etwas Neues ausprobierst, aber es verschwindet mit der Zeit, wenn du geschickter wirst. Das ist das Wesen des Verlassens deiner Komfortzone.

Wenn du praktische Möglichkeiten in Betracht ziehst, um klein anzufangen, verwende Aufzählungspunkte:

- Versuche geringfügige Änderungen in Routinen einzuführen.
- Übe, etwas öfter in Besprechungen deine Meinung zu äußern.
- Verbringe jeden Tag nur 5 Minuten damit, gegen eine kleine Grenze anzugehen.

Diese kleinen Siege addieren sich und schaffen ein Polster aus Selbstvertrauen für größere Herausforderungen. Dein Verstand beginnt zu lernen, dass die Angst kein Feind ist - nur eine Mitteilung, dass du gleich in etwas Bedeutungsvolles treten wirst.

Nutze auch die Visualisierung. Stelle dir nicht nur das Schlimmste vor, sondern auch das Beste. Halte es im Gleichgewicht. Frage dich: "Was ist das Beste, was passieren könnte?" Diese eine Frage kann deine gesamte Denkweise verändern und dir eine ausgewogenere Perspektive geben.

Zuletzt, zögere nicht, dich nach dem Erreichen selbst der kleinsten Meilensteine zu belohnen. Dies fördert eine positive Verstärkungsschleife und ermutigt zu mehr Mut in zukünftigen Vorhaben. Mit diesen Schritten trainierst du dich allmählich, anders auf Angst und Verlust zu reagieren - emotionale Barrieren in Trittsteine umzuwandeln.

Aufbau von Widerstandsfähigkeit durch positives Denken

Eine optimistische Einstellung verändert alles. Kennst du diese Tage, an denen einfach alles passt? Das ist oft die Denkweise, die am Werk ist. Optimismus kann Stress verhindern und dir helfen, Rückschläge zu überwinden. Es ist fast wie ein Cheat-Code für das Leben zu haben. Und die gesundheitlichen Vorteile? Ein verringertes Risiko für chronische Krankheiten und ein längeres Leben - das sind überzeugende Gründe.

Positives Denken kann mentale Stärke wie nichts anderes aufbauen. Es mag einfach klingen, aber es ist nicht immer leicht. Segnungen zu zählen, Herausforderungen als Chancen zu sehen (sogar die täglichen Ärgernisse) kann deine Denkweise verändern. Führe ein "Dankbarkeitsjournal". Notiere jeden Tag drei gute Dinge. Es ist klein, aber diese Praxis kann im Laufe der Zeit deine Einstellung verändern und es dir erleichtern, mit schwierigen Dingen umzugehen.

Hier ist ein cooler Trick: tägliche Affirmationen. Klingt ein bisschen kitschig, oder? Aber sie funktionieren. Affirmationen können tatsächlich deine Denkmuster verändern. Sage Dinge wie "Ich bin fähig", "Ich gehe mit Veränderungen gelassen um", "Meine Rückschläge machen mich stärker" oder sogar "Ich habe, was es braucht". Im Laufe der Zeit werden diese Aussagen als Wahrheiten in deinem Gehirn gespeichert.

Kognitive Strategien spielen ebenfalls eine wichtige Rolle. Zum Beispiel kann das Infragestellen negativer Gedanken den abwärts gerichteten Spiralsturz stoppen. Wenn ein negativer Gedanke auftaucht (und das passiert immer), kontere ihn mit Fakten. Wenn du denkst, "Ich werde nie Erfolg haben", frage dich selbst, "Was sind die Beweise dafür?" Realistisch betrachtet haben die meisten von uns bereits viel erreicht, wir vergessen es nur in dem Moment.

Warum nicht ein paar andere Strategien ausprobieren?

- **Visualisierung**: Stelle dir vor, wie du erfolgreich bist. Es ist wie das Vorbereiten deines Gehirns auf Erfolg.

- **Achtsamkeit**: Bleibe im Hier und Jetzt. Oft genug machen wir uns Sorgen über die Zukunft oder verweilen in der Vergangenheit. Im Moment zu sein kann negative Gedanken abwehren.

Positivität bedeutet nicht, reale Probleme zu ignorieren oder vorzutäuschen, dass alles perfekt ist. Es geht darum, Schwierigkeiten mit einer Einstellung zu bewältigen, die darauf abzielt, zu überwinden, anstatt zu meiden. Stelle dir ein Boot vor, das durch raue Bedingungen gesteuert wird. Wenn du dich ausschließlich auf den Sturm konzentrierst, verpasst du jede Chance, auf besseres Wetter zuzusteuern. Dieses Zitat fasst es gut zusammen:

„Es geht nicht darum, auf den Sturm zu warten, der vorüberzieht... Es geht darum, im Regen zu tanzen. "

Lass uns über eine weitere clevere Technik sprechen: Selbstmitgefühl. Hast du schon bemerkt, wie wir gegenüber Freunden netter sind als gegenüber uns selbst? Sich selbst gegenüber freundlich zu sein, wenn du scheiterst, ist mächtig. Anstatt Selbstkritik zu üben, biete dir selbst Verständnis an. "Es ist okay zu scheitern. Jeder tut es. Ich kann lernen und vorankommen."

Integriere diese in deinen Alltag:

- **Positives Selbstgespräch**: Ersetze Selbstkritik durch Ermutigung.
- **Zielsetzung**: Setze realistische, erreichbare Ziele. Sie geben dir eine Richtung und ein Gefühl der Leistung, wenn sie erreicht werden.
- **Gesunde Gewohnheiten**: Guter Schlaf, ausgewogene Ernährung, Bewegung... all das fördert eine positive Denkweise.

Indem du die Auswirkungen des positiven Denkens erkennst und diese Strategien integrierst, wird Widerstandsfähigkeit fast zu einer

Gewohnheit. Sicher, es ist ein Prozess und wird nicht über Nacht geschehen, aber jeder kleine Schritt bringt dich näher. Und diese schwierigen Tage? Sie werden sich eher wie kleine Hindernisse anfühlen als unüberwindbare Berge.

Die Kraft der Denkweisen

Wenn es darum geht, im Leben voranzukommen, ist es erstaunlich, wie sehr unsere Denkweise uns zurückhalten oder vorantreiben kann. Du hast vielleicht von festen und Wachstumsdenkweisen gehört. In **festen Denkweisen** glauben Menschen, dass ihre Fähigkeiten so gut wie in Stein gemeißelt sind, und denken, dass sie nur so weit kommen können. Sie neigen dazu, sich vor Herausforderungen zu scheuen, weil sie Angst haben zu scheitern. Für sie geht es nicht darum, besser zu werden - sie denken, es geht nur darum, eine bestimmte Menge an Fähigkeit zu haben und das war's.

Auf der anderen Seite ist eine **Wachstumsdenkweise** wie der Glaube an die Erweiterung deiner Fähigkeiten und das Lernen durch Herausforderungen. Menschen mit dieser Denkweise meiden keine schwierigen Dinge; stattdessen sehen sie es als Chance, besser zu werden und zu lernen. Hast du jemals dieses Gefühl gehabt, dass du etwas Schwieriges direkt angegangen bist, und selbst wenn du gestolpert bist, am Ende viel besser dran warst? Das ist wachstumsorientiertes Denken.

Diese wachstumsorientierte Perspektive anzunehmen, passiert nicht einfach so. Du musst ein wenig daran arbeiten. Eine Technik besteht darin, Fehler als Lernerfahrungen zu behandeln. Anstatt zu denken "Ich bin einfach nicht gut darin", versuche es zu verschieben zu "Was kann ich daraus lernen?" Nach und nach wird sich deine Standardreaktion auf Herausforderungen ändern. Auch das Setzen kleiner, machbarer Ziele kann dabei helfen, deine Denkweise neu zu gestalten. „Baby Steps" bringen dich in die Gewohnheit, oft zu gewinnen und zu lernen.

Eine weitere super coole Idee ist, dich mit Menschen zu umgeben, die eine positive Denkweise haben, so ähnlich wie wenn du auf einer persönlichen Mission zur Größe unterwegs bist. Indem du siehst, wie sie Probleme bewältigen, Herausforderungen meistern und positiv bleiben, überträgt sich das auf dich.

Nun, lasst uns über etwas sprechen, das nicht genug Anerkennung erhält: **Selbstbewusstsein.** Zu wissen, wo du stehst, deine Gewohnheiten und wie dein Verstand funktioniert, kann wie ein Cheatcode sein. Mit besserem Selbstbewusstsein kannst du dich dabei erwischen, dass du dich auf einen negativen Weg begibst, und dich selbst bremsen.

"Unsere tiefste Angst ist nicht, dass wir unzulänglich sind. Unsere tiefste Angst ist, dass wir unermesslich mächtig sind."

Denk mal darüber nach. Manchmal geht es darum zu erkennen, dass du viel Stärke in dir hast, aber du musst darauf zugreifen und *glauben*, dass du wachsen kannst.

Bewusster zu sein bedeutet, auf deine Selbstgespräche zu achten. Bist du dein schärfster Kritiker? Bemerke es, und ändere dann das Gespräch in deinem Kopf. Es geht nicht nur darum zu sagen "Ich habe versagt", sondern mehr "Wie kann ich es beim nächsten Mal besser machen?"

Hier sind einige schnelle Tipps, die du im Kopf behalten solltest:

- **Selbstgespräche üben:** Halte sie positiv und ermutigend.
- **Kleine Erfolge feiern:** Warte nicht auf große Siege.
- **Feedback suchen:** Es hilft auch zu wissen, wie andere deinen Fortschritt sehen.

Diese Bemühungen können sich aufbauen und verändern, wie du Herausforderungen und Fehler wahrnimmst.

Selbstbewusstsein ist hier dein Freund. Achte darauf, wie du mit dir selbst sprichst und auf schwierige Situationen reagierst. Je mehr du weißt und anpasst, desto mehr wächst du aus diesem starren Denken heraus. Verändere deine Denkweise Stück für Stück mit bewusster Anstrengung und umgebe dich mit den richtigen Einflüssen. Indem du aus Fehlern Lernschritte machst, bist du bereits auf dem Weg zu dieser wachstumsorientierten Denkweise.

Also, achte auf dein inneres Geplapper und die Crew, mit der du abhängst. Mit jedem Schritt, den du in Richtung einer wachstumsorientierten Denkweise machst, bereitest du dich auf größere und bessere Erfolge vor.

Eine Vision für persönliches Wachstum schaffen

Wachstum beginnt mit dem Setzen klarer, erreichbarer Ziele. Stelle dir wahre und überzeugende Ziele vor, die für dich Sinn ergeben. Denke darüber nach, was du erreichen möchtest, **vereinfache** es, um sicherzustellen, dass es machbar erscheint... Ohne klare Ziele ist es leicht, sich zu verirren und Energie für Aufgaben zu verschwenden, die nirgendwohin führen. Also, was ist das eine Ding, das du wirklich erreichen möchtest?

Visualisierung ist ein Spielveränderer. Schließe deine Augen, denke darüber nach, wo du dich in der Zukunft siehst. Wie ist es dort? Wie fühlst du dich in diesem Moment des Erfolgs? Es mag einfach klingen, aber sich vorzustellen, wie du dein Ziel erreichst, kann das Engagement stärken. Die Visualisierung schafft ein mentales Bild des Erfolgs und lässt es real erscheinen, was dich motiviert, weiter voranzukommen, auch wenn es schwierig wird.

Um effektiv zu visualisieren, erschaffe eine Szene in deinem Kopf. Stelle dir die Farben, Geräusche und sogar Gerüche vor, die mit deinem Erfolg zusammenhängen. Stelle dir vor, wie du Schritte auf dem Weg zum Ziel erreichst, wobei jeder dich näher zum Endziel bringt. Dies baut eine mentale Landkarte auf, die den Weg klar und definiert hält.

Lass uns nun über die Entwicklung eines persönlichen Wachstumsplans sprechen. Beginne damit, einige Meilensteine zu setzen. Betrachte sie als Mini-Ziele, die deinen Weg zum großen Ziel überbrücken. Kleinere, greifbare Zwischenziele können ein massives Ziel weniger einschüchternd erscheinen lassen. Notiere sie, egal ob in einem Tagebuch oder einer Tabelle (was auch immer für dich am besten funktioniert). Den Fortschritt schwarz auf weiß zu sehen, kann unglaublich befriedigend sein.

Füge diese Punkte in deinen Plan ein:

- **Tägliche Handlungen:** Überlege, welche täglichen Gewohnheiten oder Aufgaben du annehmen oder verbessern musst. Kontinuität ist entscheidend.
- **Zeitplan:** Setze dir selbst Fristen. Sie schaffen ein Gefühl der Dringlichkeit.
- **Benötigte Ressourcen:** Erstelle eine Liste von Büchern, Tutorials oder sogar Personen, die helfen könnten.
- **Belohnungssystem:** Belohne dich, wenn du Meilensteine erreichst. Das Feiern kleiner Erfolge hält die Moral hoch.

Viele Menschen übersehen die Kraft der Belohnung, aber das Feiern von Schritten auf dem Weg erhält die Begeisterung aufrecht. Schließlich macht die Freude über kleine Siege den gesamten Prozess weniger entmutigend.

"Menschen erreichen oft leicht, was wirklich schwierig erscheint, sobald sie beschließen, dass es getan werden muss..."

Also, eine feste Verpflichtung zu deinen Zielen einzugehen, geht nicht nur darum, hoch zu zielen; es geht darum, sich gut genug zu kennen, um einen Plan zu entwerfen, der dein Tempo und deinen Stil widerspiegelt. Es mag wie zusätzliche Arbeit erscheinen, aber es ist diese Grundlage, die dein kontinuierliches Wachstum unterstützt, ein Bauplan für Erfolg ohne Gefühl der Überforderung.

Schwankungen in der Motivation sind normal. Nicht jeder Tag wird die hohe Energie bringen, die für außergewöhnlichen Fortschritt erforderlich ist, aber ein Plan gibt dir einen **Schub**, um auch schwierige Tage zu meistern.

Vertraue mir, das Erreichen langfristiger Ziele hängt weitgehend von unserer Denkweise ab. Also, sei offen für Anpassungen deiner Gewohnheiten, bis sie gut passen.

Eine Vision für Wachstum zu schaffen, ist ein fortlaufender Prozess, aber sie bildet die Grundlage für jeden großen Erfolg. Träume werfen die Vision; Pläne und Handlungen machen sie real. Je klarer deine Vision heute ist, desto robust und erreichbarer erscheint dein Erfolg morgen.

Also, welche Vision hast du für dein Wachstum?

Kapitel 3: Kernprinzipien der mentalen Stärke

"Mentale Stärke bedeutet zu erkennen, dass Dinge nicht immer nach deinem Willen verlaufen, aber die Kontrolle über deine Reaktion zu übernehmen, um sicherzustellen, dass sie es tun."

Bereit zu entdecken, was Athleten an der Spitze ihres Spiels hält oder wie einige Menschen unter Druck gedeihen, während andere nachgeben? **Dieses Kapitel wird Sie durch die Kernprinzipien der mentalen Stärke führen,** damit Sie Ihr eigenes mentales Spiel aufwerten können.

Wir beginnen mit dem Verständnis, was mentale Stärke tatsächlich ist - nein, es geht nicht nur darum, stark zu sein. **Dann werden wir eintauchen, wie die Stärkung der exekutiven Funktionen** Ihre mentale Ausdauer erhöhen kann. Wir werden die Magie hinter dem Bewahren eines laser-scharfen Fokus und warum Konzentration eine wichtige Rolle spielt, hervorheben.

Haben Sie sich jemals gefragt, wie einige Menschen mühelos umschalten können, wenn sich Pläne ändern? **Die Entwicklung der kognitiven Flexibilität** kann Sie in jeder Situation anpassungsfähig machen. Und vergessen wir nicht die Bedeutung der **Verbesserung der Impulskontrolle,** die Ihnen die Kraft gibt, unter Stress weisere Entscheidungen zu treffen.

Fühlen Sie sich von Ablenkungen überwältigt oder verlieren schnell die Nerven? Sie sind nicht allein! Diese Herausforderungen ziehen täglich an vielen von uns. Aber fassen Sie Mut - indem Sie **dieses Kapitel lesen,** werden Sie praktische Einblicke und Strategien gewinnen, um Ihre mentale Stärke zu steigern. Es ist Zeit, die Kontrolle über Ihren Geist zu übernehmen und die widerstandsfähige, fokussierte Person zu werden, die Sie anstreben!

Bereit, Ihre Denkweise zu transformieren? Tauchen Sie ein und entschlüsseln Sie die Geheimnisse der mentalen Stärke!

Was ist mentale Stärke?

Also gut, lass uns das erkunden: **Mentale Stärke** ist so etwas wie eine Superkraft, aber für dein Gehirn. Es ist keine Magie; es macht deinen Geist zu deinem stärksten Verbündeten im Umgang mit den Hindernissen des Lebens. Die Fähigkeit, besonders dann zurückzufedern, wenn Dinge schiefgehen, ist das, was wir oft **Widerstandsfähigkeit** nennen. Stell es dir vor - jeder stößt auf ein Hindernis, aber wie du reagierst, unterscheidet dich. Anstatt zuzulassen, dass dich das Hindernis endgültig zu Boden wirft, ermöglicht dir mentale Stärke, aufzustehen, den Staub abzuklopfen und vorwärts zu gehen. Diese Widerstandsfähigkeit hält dich kämpfend, hält dich hoffnungsvoll und am wichtigsten, hält dich in Bewegung.

Verpflichtung ist ein weiterer Teil der mentalen Stärke, und es geht darum, an deinen Zielen festzuhalten - selbst wenn sie meilenweit entfernt sind. Hast du jemals einen Neujahrsvorsatz gefasst? Es ist super einfach zu beginnen und viel schwieriger, zwei Monate später dranzubleiben. Hier kommt die Verpflichtung ins Spiel. Es ist das eiserne Versprechen, das du dir selbst gibst, um weiterzumachen, egal was passiert. Du lässt deine Ziele nicht fallen, nur weil Ablenkungen oder Hindernisse auftauchen. Du passt dich an, justierst und bleibst auf das Ziel zielend. Der Zauber hier ist die Ausdauer - die Kraft, die dich auf Kurs hält, wenn das Aufgeben so verlockend aussieht.

Ruhe bewahren unter Druck, das ist das Markenzeichen wahrer **Gelassenheit**. Es ist fast eine Kunst, ruhig zu bleiben, wenn alles um dich herum chaotisch ist. Stell dir vor, du bist in einem hitzigen Streit oder unter Zeitdruck - ein durchschnittlicher Mensch könnte weglaufen oder zerbrechen. Jemand mit mentaler Stärke? Der behält einen kühlen Kopf. Es geht hier mehr als nur darum, nicht durchzudrehen. Es geht um überlegte, kontrollierte Reaktionen, um gute Entscheidungen zu treffen, wenn die Welt versucht, dich in den Panikmodus zu zwingen. Es ist wie ein innerer Thermostat zu haben, der deine Temperatur genau richtig hält, egal wie heiß die Umgebung wird.

Siehst du, mentale Stärke geht nicht nur darum, sich durch Herausforderungen zu kämpfen; es geht darum, deine Denkweise anzupassen, um Probleme mit einer positiven Einstellung anzugehen. Was diese Stärke letztendlich formt, ist, wie du deinen Geisteszustand trainierst und pflegst. Es geht nicht nur darum, harte Zeiten zu überstehen - es geht darum, in ihnen zu gedeihen. Fähigkeiten wie Widerstandsfähigkeit, Verpflichtung und Gelassenheit zu erlangen, passiert nicht über Nacht; es braucht Zeit und Übung. Und ja, es wird Rückschläge geben, aber:

"Es zählt nicht, wie tief du fällst, sondern wie hoch du zurückspringst."

Wenn du die Dinge so betrachtest, werden Herausforderungen weniger einschüchternd, weil du deine Sichtweise anpasst, um sie als Chancen zu sehen - entweder zum Wachsen oder zur Stärkung deiner Fähigkeiten. Diese Denkweiseänderung ist transformierend, glaub mir. Jedes Problem ist ein Schrittstein anstatt ein Hindernis.

Mentale Stärke überschneidet sich auch mit alltäglichen Aufgaben, ob du es glaubst oder nicht. Vom Umgang mit kleinen täglichen Stressfaktoren bis hin zu einer lebensverändernden Situation, diejenigen, die Widerstandsfähigkeit, Verpflichtung und Gelassenheit meistern, sind besser gerüstet, um alles zu bewältigen, ohne ihren Verstand oder ihre Richtung zu verlieren. Sie haben diesen intuitiven Biss, diese angeborene Hartnäckigkeit, es bis zum Ende durchzuziehen.

Also, wenn du mit den Kurven des Lebens konfrontiert bist - wenn Ziele unerreichbar erscheinen oder wenn der Druck ausreicht, um dich zum Knacken zu bringen - erinnere dich an diese Schlüsselzutaten. Es ist deine innere Widerstandsfähigkeit, diese unerschütterliche Verpflichtung und ein kühler Kopf (auch wenn alle anderen die ihren verlieren), die dich nicht nur durchtragen, sondern dich auch besser machen lassen.

Stärkung der Exekutivfunktionen

Die Stärkung der Exekutivfunktionen beinhaltet die Verfeinerung einiger wesentlicher Fähigkeiten, die viele von uns möglicherweise übersehen. **Zeitmanagement-Fähigkeiten** bilden die Grundlage. Du kennst das Szenario... Aufgaben häufen sich an, ohne dass ein Ende in Sicht ist. Und die Uhr scheint mit jeder Minute schneller zu laufen. Effizientes **Zeitmanagement** ist nicht magisch - es ist praktisch. Setze spezifische Zeitblöcke für verschiedene Aktivitäten während deines Tages und halte dich daran. Hast du schon von der Pomodoro-Technik gehört? Sie ist ein Lebensretter: 25 Minuten konzentrierte Arbeit gefolgt von einer 5-minütigen Pause. Glaub mir, diese kurzen Pausen wirken Wunder, um deinen Geist frisch zu halten.

Als nächstes kommen **Zielsetzungstechniken**. Ein Traum ohne Plan ist doch nur ein Wunsch, oder? Der Schlüssel ist, SMARTe Ziele zu setzen - Spezifisch, Messbar, Erreichbar, Relevant und Zeitgebunden. Beginne mit klaren, kleinen Schritten, um das große Ganze zu erreichen. Stück für Stück wirst du feststellen, dass die großen Ziele weniger einschüchternd wirken. Die Visualisierung der kleinen Schritte wie "heute ein Buchkapitel abschließen" lässt alles machbar erscheinen.

Entscheidungsfindungsprozesse sind Teil dieses Gesamtpakets. Oft fühlen wir uns gelähmt, wenn wir mit zu vielen Entscheidungen konfrontiert werden. Anstatt zu zaudern, konzentriere dich auf schnellere, absichtliche Entscheidungen. Versuche diesen Trick: Eliminiere emotional getriebene Entscheidungen; halte dich an Fakten und wäge deine Optionen ab. Vereinfache deine Vor- und Nachteile, indem du priorisierst, was deine Ziele und Zeitpläne am besten erfüllt. Es mag zu einfach klingen, aber die Reduzierung von Auswahlmöglichkeiten kann deine Entscheidungsfähigkeiten schnell schärfen.

Manchmal kann es hilfreich sein, eine Liste anzulegen:

- Schreibe deine Aufgaben auf
- Ordne sie in Reihenfolge
- Beginne mit dem obersten Punkt
- Streiche sie durch, wenn erledigt

Bemerkst du die Zufriedenheit beim Abhaken der Dinge? Diese einfache Handlung wirkt sich tiefgreifend auf deine Motivation und mentale Stärke aus.

Manchmal hilft es sich daran zu erinnern, "Ein Ziel ohne Plan ist nur ein Wunsch." Das sollte hängen bleiben. Es ist reflektierend - erdend - und erinnert dich daran, einen handlungsfähigen Weg zu deinen Plänen zu gehen (um jeglichen Tagträumen entgegenzuwirken).

Und zögere nicht, Aufgaben zu delegieren; alles selbst zu erledigen spiegelt keine starken Exekutivfunktionen wider, sondern begrenzt den Fortschritt. Lass ein wenig los - vertraue darauf, dass Teamarbeit deine Last erleichtern kann.

Ein Punkt, den du nicht übersehen kannst, ist die **Umgebung**. Das Schaffen einer förderlichen Umgebung bedeutet weniger Ablenkungen. Schalte dein Telefon in den "Nicht stören"-Modus und räume deinen Arbeitsbereich auf. Glaube es oder nicht, das

Entrümpeln kann eine äußere Manifestation eines klaren, fokussierten Geistes sein.

Außerdem, lassen uns ein wenig über **Feedback** plaudern. Feedback ist nicht nur Kritik; wenn es richtig gemacht wird, plant es. Positives Feedback verstärkt gute Gewohnheiten, schwächt Schwächen. Lerne beide Arten zu schätzen. Diese Offenheit hebt deine mentale Stärke auf ein höheres Niveau - ein Kernprinzip effizienter Exekutivfunktionen.

Und hey, lass uns eine Prise Flexibilität einstreuen. Ja, Struktur und Disziplin sind nötig, aber Flexibilität ist ebenso entscheidend. Manchmal werden Dinge nicht wie geplant verlaufen, und das ist in Ordnung. Passe deine Pläne an, aber lege sie nie komplett beiseite. Justiere deinen Zeitplan oder deine Methodik, wenn nötig.

Das Gespräch mit anderen hilft auch, deinen Fortschritt einzuschätzen. Teile deine Ziele, deine Erfolge und auch die Hindernisse auf dem Weg. Das Vorhandensein dieser Gemeinschaft kann dich vorantreiben - du könntest nützliche Ratschläge erhalten. Klarheit und Engagement folgen natürlicherweise, wenn deine Ziele dir zurückgespiegelt werden.

Fortschritt geht nicht um große Gesten; es sind die konsequenten, kleinen Anstrengungen, die sich im Laufe der Zeit ansammeln. Baue deine Zeitmanagement-, Zielsetzungs- und Entscheidungsfindungsfähigkeiten Schritt für Schritt auf. Bevor du es merkst, wirst du feststellen, dass diese Grundprinzipien deinen Weg nach vorne leichter formen als je zuvor.

Die Bedeutung von Fokus und Konzentration

Also, lasst uns über Fokus und Konzentration sprechen. Es ist wie das Einstellen eines Radios; du musst genau einstellen, um das beste

Signal zu erhalten. In dieser Welt voller Ablenkungen kann es manchmal fast unmöglich erscheinen. Nimm dir einen Moment Zeit und denke wirklich nach - wie oft wirst du abgelenkt, wenn du dich hinsetzt, um etwas Wichtiges zu tun?

Die Beseitigung von Ablenkungen scheint die offensichtliche Lösung zu sein, oder? Du könntest denken, dass es darum geht, dein Telefon auf lautlos zu stellen oder deine Social-Media-Tabs zu schließen. Das ist natürlich wichtig, aber es steckt noch mehr dahinter. Deine Umgebung spielt eine Rolle - ein unordentlicher Arbeitsplatz kann genauso ablenkend sein wie ein lauter Hintergrund. Mir ist aufgefallen, dass wenn mein Schreibtisch ein Durcheinander ist, auch mein Verstand durcheinander ist. Manchmal können das Organisieren deiner Umgebung deine Gedanken klären.

Nun geht es weiter mit **Achtsamkeit üben**... hier drehst du die Lautstärke all dieser Gedanken in deinem Kopf herunter. Versuche jeden Tag ein paar Minuten damit zu verbringen, einfach zu atmen und dich nur auf den gegenwärtigen Moment zu konzentrieren. "Ein unaufmerksamer Verstand ist wie ein Radio, das zwischen Sendern eingestellt ist." Hast du so etwas schon einmal gehört? Achtsamkeit üben hilft dir zu erkennen, wenn dein Verstand anfängt abzuschweifen, und leitet ihn sanft zurück.

Hier ist die Sache: Achtsamkeit bedeutet nicht, deinen Verstand zu leeren - es geht darum, sich deiner Gedanken bewusst zu werden. (Nebenbei bemerkt - Wenn du es noch nicht versucht hast, fange klein an. Vielleicht fünf Minuten am Tag. Vertrau mir, es wächst auf dich!)

Und dann gibt es die Kunst des **effektiven Priorisierens von Aufgaben**. Zu viele Dinge gleichzeitig zu jonglieren, schwächt deinen Fokus. Priorisieren zu lernen bedeutet herauszufinden, was wirklich deine Aufmerksamkeit benötigt und das als Erstes anzugehen. Erstelle eine To-Do-Liste. Aber hier ist der Trick - behandele nicht alles auf dieser Liste als gleich wichtig.

Identifiere die Aufgaben, die den größten Unterschied machen werden, und setze sie an die Spitze.

Tipps für effektives Priorisieren von Aufgaben:

* Schreibe alles auf, was du tun musst.
* Identifiziere wichtige Punkte, die den größten Einfluss haben werden.
* Konzentriere dich darauf, diese zu erledigen, bevor du zu kleineren Aufgaben übergehst.
* Teile größere Aufgaben in kleinere, überschaubare Teile auf.

Es ist interessant, wie die Beseitigung von Ablenkungen, das Üben von Achtsamkeit und das Priorisieren von Aufgaben alle miteinander verbunden sind. Sie sind nicht getrennt; sie sind miteinander verbundene Praktiken, die zusammengefügt ein robustes Rahmenwerk schaffen, um deinen Fokus wirklich zu schärfen.

Denke daran, es geht darum, kleine, konsequente Veränderungen vorzunehmen, die deine Fähigkeit zur Konzentration nach und nach verbessern. (Es könnte sich anfangs etwas seltsam oder herausfordernd anfühlen, und das ist in Ordnung.) Bleib einfach dran, und du wirst wahrscheinlich allmählich Veränderungen bemerken. Und wer weiß, du könntest dich vielleicht selbst überraschen, wie viel mehr du erreichen kannst, aber mit weniger Stress und Frustration.

Entwicklung kognitiver Flexibilität

Die Entwicklung kognitiver Flexibilität bedeutet, sich mit Veränderungen wohlzufühlen und in der Lage zu sein, Dinge aus verschiedenen Blickwinkeln zu betrachten. Das klingt einfach, ist aber tatsächlich ziemlich komplex und erfordert

Anpassungsfähigkeit, Akzeptanz verschiedener Standpunkte und kreatives Denken.

Veränderung ist konstant; sich an neue Situationen anzupassen ist eine grundlegende Fähigkeit. Denken Sie an den Umzug in eine neue Stadt... es geht nicht nur darum, Ihre Sachen zu packen und ein neues Haus zu finden. Es geht darum, sich an eine neue Umgebung anzupassen, neue Bekanntschaften zu machen (die möglicherweise anders sind als Ihr bisheriger sozialer Kreis) und herauszufinden, wie die Dinge an diesem neuen Ort funktionieren. Es ist wirklich ein Abenteuer, oder? Manche Menschen finden Veränderungen einfach, während es anderen schwerfällt. Der Trick besteht darin, flexibel zu bleiben – die Hüte nach Bedarf zu wechseln. Wie ein Chamäleon, das sich an seine Umgebung anpasst, geht es darum, herauszufinden, was an Ihrem Standort funktioniert.

Wenn es um verschiedene Perspektiven geht, bleiben wir manchmal in unseren Mustern stecken, nicht wahr? Probleme nur aus einer Sichtweise zu betrachten, ist nicht immer hilfreich. Die Betrachtung verschiedener Meinungen kann so bereichernd sein. Zum Beispiel kann die Arbeit mit Teammitgliedern, die unterschiedliche Erfahrungen mitbringen, Ihren Horizont erweitern. Anstatt stur auf Ihrem Standpunkt zu beharren, kann das Betrachten des Problems aus der Sicht einer anderen Person zu besseren Lösungen führen – Lösungen, an die Sie sonst vielleicht nie gedacht hätten.

"Du musst nicht mit jedem übereinstimmen, aber allein das Berücksichtigen ihrer Perspektiven kann das Spiel verändern."

Stellen Sie sich vor, Sie sind bei einem Meeting und jemand bringt eine verrückte Idee vor. Statt sie sofort abzulehnen, könnten Sie sich fragen – was, wenn das funktioniert? Es ist wie das Öffnen des Fensters, um frische Luft hereinzulassen; diese Idee könnte unentdecktes Potenzial haben oder neue Wege eröffnen, die Sie noch nicht in Betracht gezogen haben.

Ein entscheidender, oft übersehener Aspekt ist, wie wir Probleme lösen. An bewährten Methoden festzuhalten ist großartig, bis es das nicht mehr ist. Hier kommt die Kreativität ins Spiel. Haben Sie schon einmal eine Situation erlebt, in der traditionelle Methoden einfach nicht ausreichten? Außerhalb der gewohnten Denkmuster zu denken, ist nicht immer einfach, aber kann einen Unterschied machen! Brainstorming, absurde Ideen zulassen und dann sehen, was hängen bleibt. So entstehen Innovationen. Nehmen Sie an diesen Brainstorming-Sitzungen teil; zuerst ist nichts zu albern. Schreiben Sie alles auf – Sie werden wahrscheinlich einen Schatz im Chaos finden.

Hier sind einige Punkte:

- Experimentieren Sie mit „Was-wäre-wenn"-Fragen: Stellen Sie verschiedene und manchmal ausgefallene Fragen, um Grenzen zu verschieben.
- Erweitern Sie Ihr Lernen: Erforschen Sie Themen jenseits Ihrer Komfortzone.
- Haben Sie keine Angst vor Fehlern: Betrachten Sie sie als Lernchancen anstatt als Misserfolge.

Sich anzupassen, Ansichten zu akzeptieren, die von Ihren eigenen abweichen, und Probleme auf kreative Weise zu lösen, ist nichts, was Sie auf Anhieb erreichen, aber mit Übung wird es zur Gewohnheit. Also, wenn Sie mit einer neuen Situation konfrontiert werden, ziehen Sie sich nicht zurück. Betrachten Sie sie, neigen Sie den Kopf und erlauben Sie sich, sie aus einem anderen Blickwinkel zu betrachten. Sie könnten sich selbst damit überraschen, was Ihnen einfällt!

Verbesserung der Impulskontrolle

Mitten im täglichen Chaos können Wege, unsere Impulse zu kontrollieren, wie eine Superkraft erscheinen. Aber es ist einfacher als du denkst. Lass uns über einige Techniken und Strategien sprechen.

Techniken zur verzögerten Befriedigung sind unglaublich wertvoll. Denke an sie als kleine Übungen für deine Willenskraft. Jeder hat von Marshmallow-Tests bei Kindern gehört, oder? Das Warten kann wirklich schwer sein (glaub mir, ich war das Kind, das versagen würde und sofort den Keks nehmen würde), aber wenn du es regelmäßig auf kleine, realistische Weise übst, baust du im Laufe der Zeit eine stärkere Impulskontrolle auf.

- Setze dir kleine, realisierbare Ziele für dich in täglichen Aktivitäten - warte ein wenig länger, bevor du nach einem Snack greifst oder dein Telefon überprüfst.
- Belohne dich für Leistungen, auf die du wirklich stolz bist, nachdem du absichtlich gewartet hast. Es vermittelt Geduld und Entschlossenheit.

Effektives Stressmanagement ist ein weiteres wichtiges Puzzlestück - es ist kein Geheimnis, dass Stress deine Selbstkontrolle ruinieren kann. Stressbewältigungsstrategien anzugehen, spielt für die Impulskontrolle eine Rolle.

- Achtsamkeit üben oder einfache Atemübungen können akuten Stress lindern. Es ist wie das Drücken eines Reset-Knopfs in deinem Gehirn.
- Regelmäßige körperliche Aktivität hilft, angestaute Spannungen abzubauen und hebt deine Stimmung. Schon ein kurzer Spaziergang kann Wunder wirken.
- Wer liebt keine Musik? Oft kann das Hören deines Lieblingslieds der Stressabbau sein, den du im Moment brauchst, um dich nicht den Impulsen hinzugeben.

Praktiken zur emotionalen Regulation sind ebenfalls ein integraler Bestandteil. Unser emotionaler Zustand kann oft unser Verhalten bestimmen - Gefühle registrieren und wissen, wann man 'Pause' drücken sollte, ist sehr wichtig.

Menschen sind im Allgemeinen nicht gut in der emotionalen Regulation; dennoch kannst du besser darin werden. Hier sind einige einfache Möglichkeiten:

- Führe ein Tagebuch - das tägliche Aufschreiben deiner Gefühle kann helfen, Muster und Auslöser zu identifizieren (zum Beispiel könntest du feststellen, dass du Junk-Food schrecklich begehrst, wenn du gelangweilt bist und nicht hungrig).
- Übe das Benennen deiner Emotionen. Wenn du wütend bist, gestehe es ein. Einfache Aussagen wie "Ich fühle mich gerade frustriert" können wirklich helfen, die Intensität zu mindern. Es macht einen erstaunlichen Unterschied...
- Teile deine Gefühle, auch beiläufig. Es könnte bei einem Kaffee mit einem engen Freund sein oder einfach mit dir selbst sprechen. Das Verbalisieren hilft dabei, Gefühle zu entmystifizieren, und ist es nicht schön, wenn diese Gefühle einmal offen ausgesprochen sind?

Oft geht es wirklich um Geduld. Es ist nicht immer ein gerader Weg, aber es ist faszinierend, wenn du dabei bleibst.

"Der beste Weg zur Selbstkontrolle ist nicht durch Zwang, sondern durch Verständnis und Geduld...kleine Schritte jeden Tag bewirken über die Zeit große Veränderungen."

Erfolge - groß oder klein - beginnen mit der Herrschaft über die eigenen Impulse, Stressfaktoren und Emotionen. Denke daran wie tägliches mentales Training; kleine Handlungen heute schaffen den Schwung für bedeutendere Veränderungen morgen.

Das Ausbalancieren dieser drei Aspekte mag wie Jonglieren erscheinen, aber du bekommst schnell den Dreh heraus. Letztendlich läuft alles darauf hinaus: Um einen Schritt in Richtung Impulskontrolle zu machen, beginne klein, bleibe achtsam und halte daran fest, ohne zu hart zu dir selbst zu sein.

Sich mit **Techniken zur Impulskontrolle** zu beschäftigen, macht das Leben sicherlich einfacher, angenehmer und viel erfüllender. Es ist wie das Training eines Muskels - konzentriere dich auf wichtige Aspekte, übe weiter und beobachte, wie sich die Veränderung natürlich entfaltet!

Teil 2: Vorbereitung auf den Erfolg

Kapitel 4: Ziele setzen mit Absicht

"Erfolg ist die Summe kleiner Anstrengungen, die Tag für Tag wiederholt werden."

Das Setzen von Zielen kann oft überwältigend sein, aber dieses Kapitel wird Ihnen zeigen, wie Sie diesen Prozess mit Absicht vereinfachen können. **Ziele bewusst setzen** bedeutet nicht nur, groß zu träumen; es geht auch darum, einen praktischen, klaren Weg zur Verwirklichung dieser Träume zu schaffen. Oft fühlen sich Menschen festgefahren, unsicher darüber, welche Schritte als nächstes zu unternehmen sind.

Lassen Sie uns einige leistungsstarke Methoden genauer betrachten, die Sie nutzen können, um Ihre Energie auf präzises und effektives Zielsetzen zu lenken. Wir werden über das Formulieren von **SMART-Zielen** sprechen, die Spezifisch, Messbar, Erreichbar, Relevant und Zeitgebunden sind. Ja, es ist möglich, den Nebel um das, was Sie erreichen möchten, mit ein paar einfachen Schritten zu lichten. Das Visualisieren Ihrer Ziele für Klarheit und das Erkunden der **WOOP-Methode** (Wunsch, Ergebnis, Hindernis, Plan) sind weitere Techniken, die wir erkunden werden, um Ihren Fokus zu schärfen.

Schon einmal vom **GROW-Modell** gehört? Es ist eine weitere fantastische Möglichkeit, sich durch Ihre Ziele zu führen. Während Sie dabei sind, werden wir auch besprechen, wie Affirmationen und positive Verstärkung Sie motiviert halten können.

Am Ende dieses Kapitels werden Sie eine Toolbox an Strategien haben, um solide und bewusste Ziele zu setzen. Bereit, loszulegen? Verändern Sie, wie Sie Ihren Zielen gegenübertreten!

Erstellung von SMART-Zielen für Erfolg

Unsere Träume zu erreichen erfordert mehr als bloßes Wunschdenken; es erfordert klare Handlungsschritte. Hier kommen **SMART-Ziele** ins Spiel - sie sind der Eckpfeiler des Erfolgs, ähnlich wie eine detaillierte Karte, wenn man eine Reise antritt. Also, lasst uns in ihre fünf Komponenten eintauchen, um zu sehen, wie sie Hoffnungen in Erfolge umwandeln können.

Spezifische Ziele sind klar und präzise. Denken Sie über den Unterschied zwischen "Ich möchte gesünder werden" und "Ich möchte 30 Minuten lang, fünf Tage die Woche Sport treiben" nach. Letzteres gibt Ihnen ein klares Ziel und hilft, jegliche Unklarheiten zu beseitigen. Es zeigt genau auf, was Sie wollen und was Sie tun müssen, um dorthin zu gelangen. Also, während man Ziele setzt, ist es wichtig, sich auf Details wie "in 2 Monaten einen 5k laufen" zu konzentrieren.

Als nächstes müssen Ziele **Messbar** sein. Es ist wirklich wichtig, Ihren Fortschritt in messbaren Einheiten zu verfolgen. Stellen Sie sich vor, Sie möchten "mehr Geld sparen". Dieses Ziel wird praktikabler - und weniger überwältigend - wenn es umformuliert wird als "Sparen Sie jeden Monat 200 Dollar". Messen gibt Ihnen eine Möglichkeit, den Fortschritt zu verfolgen und Meilensteine auf dem Weg zu feiern. Jeder Mini-Erfolg beflügelt die Motivation, weiterzumachen.

Übergehen zu **Erreichbar**, was die Dinge realistisch hält. Das Festlegen realistischer, bescheidener Ziele stellt sicher, dass wir uns nicht zum Scheitern verurteilen. Erreichbar bedeutet, sich Ziele zu setzen, die tatsächlich erreichbar sind, basierend auf Ihrer aktuellen Lebenssituation. Möchten Sie den Mount Everest besteigen, haben aber noch nicht einmal mit dem Wandern geübt? Fangen Sie vielleicht erst mit ein paar lokalen Gipfeln an. Es ist großartig, groß zu träumen, aber wenn die Schritte unrealistisch sind, kann die Begeisterung nachlassen.

Damit Ziele einen wirklichen Wert haben, müssen sie **Relevant** sein. Das bedeutet, dass Ihre Ambitionen mit Ihren breiteren Werten und langfristigen Zielen übereinstimmen sollten. Warum auf eine Beförderung abzielen, wenn Sie sich nach mehr Familienzeit sehnen? Die Motivation lässt nach, wenn das Ziel nicht mit tieferen Werten in Einklang steht. Die Wahl relevanter Ziele bringt Aufrichtigkeit und Emotion in Ihre Bemühungen und macht jeden Schritt erfüllender.

Nichts geschieht ohne eine Frist. Deshalb sollten Ziele **Zeitgebunden** sein - mit einer Ziellinie, die Sie nicht ignorieren können. Ein zeitlich unbegrenzter Zeitrahmen führt zu Prokrastination. Angenommen, Sie möchten ein Buch schreiben. Das ist zu vage. Machen Sie daraus: "Fertigen Sie den Entwurf bis zum 31. Dezember an." Es ist erstaunlich, wie eine konkrete Frist zur Handlung anspornen kann.

Die Erstellung dieser SMART-Ziele folgt einfachen Schritten.

- **Definieren Sie Ihr Ziel**

  Finden Sie genau heraus, was Sie erreichen möchten. Hier gibt es keine unklare Sprache - seien Sie deutlich.

- **Bestimmen Sie Meilensteine**

  Skizzieren Sie kleine Zwischenziele, die zu Ihrem Endziel führen. Eine Reihe von Meilensteinen ist einfacher zu bewältigen als ein großes Ziel.

- **Realitätscheck**

  Fragen Sie sich: Ist es angesichts meiner Ressourcen und Zeit machbar? Wenn ja, überprüfen Sie noch einmal auf übermäßige Belastung oder Schwierigkeitsgrade.

- **Bestätigung des Werts**

  Denken Sie nach - ist dies etwas, was mir am Herzen liegt? Passt es zu persönlichen Werten?

- **Setzen Sie eine Frist**

  Schaffen Sie ein echtes Gefühl der Dringlichkeit, indem Sie einen expliziten Zeitplan festlegen. Konkrete Termine machen Ziele greifbarer und handlungsorientierter.

"Alle Fortschritte finden außerhalb Ihrer Komfortzone statt." Sich in Vertrautem zu verweilen, drängt uns nicht zum Wachstum und zur Erreichung dieser gut ausgearbeiteten Ziele.

Letztendlich, um Ihre **SMART**-Ziele fest zu verankern:

- Seien Sie spezifisch: Beschreiben Sie, wie das Erreichen des Ziels für Sie aussieht.
- Verwenden Sie Zahlen: Gespartes Geld, trainierte Minuten - quantifizieren Sie den Fortschritt.
- Bleiben Sie realistisch: Balancieren Sie Ehrgeiz mit Machbarkeit.
- Prüfen Sie die Ausrichtung: Stellen Sie sicher, dass es zu persönlichen Zielen passt.
- Definieren Sie Fristen: Echte Enddaten sorgen für Fokus und zeitnahe Aktion.

Die Annahme dieser Prinzipien hilft dabei, einen Weg zu Zielen mit bewusster Klarheit zu schaffen, der Sie auf weniger Schwierigkeiten und mehr konsequente Siege vorbereitet.

Visualisierungstechniken für Klarheit

Wenn es darum geht, Ziele mit Absicht zu setzen, ist Visualisierung ein mächtiges Werkzeug. Wir verwenden mentale Bilder, um uns vorzustellen, wie wir Ziele erreichen - die Schritte, die wir unternehmen, und den Erfolg am Ende feiern. Es ist nicht nur Tagträumerei; es ist die Verwendung des Geistes, um unsere Realität zu formen.

Schritt 1: Stelle dir vor, dein Ziel zu erreichen

Beginne mit einem klaren Bild davon, was du erreichen möchtest. Füge so viele Details wie möglich hinzu. Denke: Wie sieht es aus, wenn du dein Ziel erreichst? Vielleicht siehst du dich dabei, die Ziellinie eines Marathons zu überqueren, ein breites Lächeln im Gesicht... Schweiß, der herunterläuft, deine Lieblingslaufbekleidung an, das Ziellinienband, das gegen deine Brust bricht. Visuelle Hilfen lenken das Gehirn in den Glauben.

Schritt 2: Aktiviere alle deine Sinne

Höre nicht nur bei der visuellen Wahrnehmung auf. Bringe deine anderen Sinne mit ein, um die Erfahrung real zu machen. Welche Geräusche sind um dich herum, wenn du die Ziellinie dieses Marathons überquerst? Vielleicht sind es die Jubelrufe aus der Menge oder der Rhythmus von Füßen, die auf den Asphalt treffen. Wie fühlt sich dein Körper an? Müde, aber begeistert, Muskeln schmerzend, aber voller Kraft. Was kannst du riechen? Vielleicht den Duft von frischem Gras oder den salzigen Geschmack deines Schweißes. Je mehr Sinne du einbeziehst, desto klarer wird deine Vision.

Schritt 3: Stelle eine emotionale Verbindung her

Ein wichtiger Punkt - erlebe nicht nur die Erfahrung, sondern spüre sie. Stelle dir den Stolz vor, wenn du diese Medaille erhältst. Oder die aufkommende Aufregung, wenn du die Ziellinie näher kommen siehst. Diese emotionale Verbindung verstärkt deine Visualisierung und macht sie motivierender. Tatsächlich:

Gefühle des Erfolgs stärken positive Gewohnheiten, was es einfacher macht, bei deinem Plan zu bleiben.

Es ist wie eine Vorschau auf die Belohnung zu geben, und glaub mir, nichts motiviert so sehr wie ein Vorgeschmack auf den Sieg.

Alles zusammenfügen

Hier ist ein umfassendes Beispiel, das du an deine Situation anpassen kannst. Nehmen wir an, du hast dir zum Ziel gesetzt, eine erfolgreiche Rede bei einer bevorstehenden Veranstaltung zu halten.

- **Visualisierung:** Stelle dir vor, wie du auf der Bühne stehst. Sieh das Publikum vor dir.
- **Aktiviere Sinne:** Höre den Applaus, als du vorgestellt wirst. Fühle die Wärme der Bühnenlichter. Spüre die kühle, glatte Textur des Podiums, wenn du deine Hände darauf legst. Schmecke die Minze, die du gerade vor dem Auftritt genommen hast. Die Gerüche im Raum.
- **Emotionale Verbindung:** Spüre den Schub des Selbstvertrauens, wenn die Leute deinen Punkten zustimmen. Spüre deine Zufriedenheit, wenn du alle wichtigen Punkte triffst. Fühle die Dankbarkeit, wenn du fertig bist und die dankbaren Blicke auf ihren Gesichtern siehst.

Eine weitere Möglichkeit, die Visualisierung noch wirkungsvoller zu machen: Schreibe deine Vision auf. Bewahre sie an einem Ort auf, den du täglich siehst. **Das Sehen deiner Worte kann helfen, die Vision in deinem Geist zu verfestigen.**

Um die Visualisierung konsequent zu üben:

- Widme jeden Tag ein paar Minuten der Vorstellung deiner Ziele.
- Nutze ruhige Momente - wie kurz vor dem Schlafengehen.
- Halte diese Visionen positiv und inspirierend.

Jedes Mal, wenn du visualisierst, verankerst du das Ziel tiefer in deinem Geist, stärkst deine Disziplin und kommst der Realisierung näher.

Visualisierung ist effektiver, wenn sie regelmäßig durchgeführt wird. Beginne heute Abend... du könntest erstaunt sein, was diese kleine Übung für dich tun kann.

WOOP Methode: Wunsch, Ergebnis, Hindernis, Plan

Die WOOP Methode sticht hervor, wenn es darum geht, Ziele mit Absicht zu setzen. Es geht darum, **Aspirationen** in handhabbare Teile zu zerlegen, und es ist raffiniert. Wir können uns auf einen Teil nach dem anderen konzentrieren, um ausladende Träume handhabbar zu machen.

Schritt 1: Definiere deine Aspiration

Im Kern dessen, was du erreichen möchtest, liegt ein Traum - ein **Wunsch**. Hier erlaubst du dir, groß zu denken - ob du ein Buch schreiben, Gewicht verlieren oder ein neues Hobby beginnen möchtest. Nenne es! Vielleicht tendierst du dazu, einen Roman zu veröffentlichen, einen Marathon zu laufen, irgendetwas. Sei klar und spezifisch, denn Unbestimmtheit verwischt nur deinen Weg nach vorne.

Schritt 2: Visualisiere ein erfolgreiches Ergebnis

Als nächstes, sobald dein Wunsch festgelegt ist, **visualisiere** das erfolgreiche Ergebnis. Stelle es dir so detailliert vor, dass du die Errungenschaft fast berühren, sehen und fühlen kannst. Nicht nur "Ich möchte einen Marathon laufen", sondern "Ich sehe mich die Ziellinie überqueren, meine Freunde jubeln, die Erschöpfung in pure Freude verwandelnd." Entfesselte Aspirationen halten dich motiviert! Um deine Vorstellungskraft verankert zu halten:

- Denke an die Anblicke und Geräusche in diesem Moment.
- Stelle dir die Gesichter vor, die du stolz machen wirst.
- Überlege, wie du feiern wirst.

"Der Eckpfeiler der Inspiration ist das Erfolgserlebnis in einer Weise zu visualisieren, dass jeder Sinn es erlebt."

Schritt 3: Hindernisse identifizieren

Als nächstes - ein wenig kniffliger, aber entscheidend - identifiziere **Hindernisse**. Ja, es ist wichtig anzuerkennen, was deinem Erfolg im Weg stehen könnte. Nimmt dein Job den Großteil deiner Zeit in Anspruch? Neigst du dazu, bei schwierigen Aufgaben zu prokrastinieren? Diese internen und externen Barrieren, einmal erkannt, werden zu Hürden, für die du planen kannst.

Normalerweise zögern Menschen an dieser Stelle. Wer möchte schon über Misserfolg nachdenken? Dennoch ist dies ein bedeutsamer Schritt, weil es potenzielle Abschreckungen in proaktive Planung umwandelt. Beim Planen deines nächsten Romans wisse, dass "Schreibblockade" kein gruseliger Mythos ist... es passiert! Identifiziere Dinge, die dich wahrscheinlich vom Kurs abbringen werden.

Schritt 4: Strategien entwickeln, um zu überwinden

Nun, lass uns einen **Plan** ausarbeiten. Dieser Schritt spielt eine entscheidende Rolle - hier verwandelst du theoretische Probleme in praktische Schritte. Hast du Schreibblockaden? Plane

Schreibübungen, um jede Sitzung zu beginnen. Hinkt dein Marathontraum hinterher? Stimme kürzere und fesselnde Fokusrunden auf Montage ab. Strategien können alles sein, von der Planung spezifischer Handlungen bis hin zur Belohnung für Mini-Erfolge.

Zum Beispiel, wenn mein Traum ein Roman ist und ein großes Hindernis "Zeitmanagement" ist, könnte meine Aktionsliste so aussehen:

- Einen täglichen Schreibzeitraum festlegen.
- Einen Timer verwenden, um die Konzentration aufrechtzuerhalten (kurz und bündig fördert Beständigkeit).
- Entwürfe vorbereiten, um Unsicherheiten beim Schreiben zu reduzieren.

Ebenso könnte jemand, der Fitnessziele anstrebt:

- Setze inkrementelle Ziele - heute eine kurze Laufeinheit, nächste Woche eine längere.
- Nimm an Gemeinschaftsläufen teil für einen sozialen Ansporn.

Die **wesentliche Erkenntnis**: behandele Hindernisse nicht als Rückschläge. Jeder ausgearbeitete Plan ist ein ermächtigter Schritt, der deinen Traum in die Realität umsetzt.

Und hier ist der Zauber - wie das Mischen einer speziellen Sauce - Pläne müssen nicht für jedes Problem identisch sein. Passe sie an, optimiere sie und überarbeite sie, bis sie gut mit deinem Lebensstil und deinen Eigenarten harmonieren. Von Haftnotizen, die deinen Arbeitsbereich schmücken, bis hin zu digitalen Erinnerungen - was auch immer Rechtmäßigkeit mit Funktionalität und Kreativität in Einklang bringt.

Im Wesentlichen geht es bei WOOP darum, eine bestehende Aspiration in ein sorgfältig ausgearbeitetes Modell des Traum-

Realitäts-Handlungszyklus umzuwandeln. Setze Ziele. Plane Reibungspunkte. Modifiziere vernünftige Pläne. Bewege dich zielgerichtet voran. Und vielleicht, am fundamentalsten: **erreiche Schritt für Schritt.**

Verwendung des GROW-Modells zur Zielerreichung

Das Setzen von Zielen mag einfach genug sein, aber sie zu erreichen? Das ist, wo es knifflig wird. Hier kommt das **GROW-Modell** ins Spiel, das uns hilft, festzulegen, was wir wollen und wie genau wir dorthin gelangen werden. Hier ist die Sache - wenn wir klar darüber sind, was wir wollen, wird es einfacher, danach zu streben.

Schritt 1: Ziel

Also, lasst uns mit dem offensichtlichsten Teil beginnen: dem Definieren des Ziels. Stelle dir die Frage, "Was genau möchte ich erreichen?" Das muss klar und spezifisch sein. Wenn du gesünder werden möchtest, anstatt zu sagen, "Ich möchte fit sein," strebe nach "Ich möchte bis zum Ende von drei Monaten einen 5K unter 30 Minuten laufen." Wenn es messbar ist, hast du eine Möglichkeit, deinen Erfolg zu verfolgen. Es ist so, als ob du anstelle einer vagen Idee ein klares Ziel vor dir hast. Das ist motivierend und, seien wir ehrlich, viel mehr Spaß.

Schritt 2: Realität

Der nächste Schritt dreht sich ganz um Ehrlichkeit - die Bewertung, wo du gerade stehst. Nimm dir einen Moment Zeit, um zu überlegen, "Wo stehe ich derzeit in Bezug auf mein Ziel?" Es ist eine Realitätsprüfung. Angenommen, dein Ziel ist es, diesen 5K zu laufen; du musst auf dein aktuelles Fitnesslevel schauen. Vielleicht kannst du kaum eine Minute joggen, ohne nach Luft zu schnappen.

Das ist in Ordnung, es ist einfach gut zu wissen, wo du anfängst. Wenn du dir deiner Situation bewusst bist, bekommst du ein realistisches Bild von der Lücke, die du schließen musst. Sei ehrlich zu dir selbst - das ist reine, unvoreingenommene Wahrheitszeit.

Schritt 3: Optionen

Hier wird es interessant. Nun, "Was kann ich tun, um von Punkt A (aktuelle Realität) zu Punkt B (das Ziel) zu gelangen?" Fang an, Optionen zu sammeln. In unserem 5K-Beispiel, was könntest du tun? Vielleicht einer Läufergruppe beitreten, eine Lauf-App herunterladen oder mit einem Gehprogramm beginnen und allmählich dein Tempo steigern. Manchmal funktionieren einfachere Ideen am besten, wie ein zuverlässiges Paar Laufschuhe zu besorgen. Wirf alles raus; du hast vielleicht mehr Wege als du denkst.

Schritt 4: Wille

Schließlich geht es darum, sich zu deinem Plan zu verpflichten - konkrete Handlungen festzulegen. Es geht nicht nur darum zu denken, "Ich werde laufen", sondern darum, tatsächliche Schritte zu setzen. Also schreibe auf: "Ich werde dreimal pro Woche trainieren." Nicht, "Ich könnte laufen, wenn ich kann." Eine weitere Ebene, die hinzuzufügen ist, ist die Rechenschaftspflicht. Vielleicht erzähle einem Freund von deinem 5K-Plan oder nutze, ähm, Apps, um deinen Fortschritt zu verfolgen und Aufzeichnungen zu führen. Das verwandelt eine lockere Absicht in eine feste Verpflichtung, macht es schwieriger, zurückzutreten.

"Ziele, die nicht aufgeschrieben sind, sind nur Wünsche." Dinge aufzuschreiben - oder sie laut auszusprechen - verleiht ihnen Gewicht, Substanz. Es verwandelt einen Gedanken in einen handlungsfähigen Plan. Du siehst es, wirst daran erinnert und allmählich, aber sicher, fängst du an, darauf hinzuarbeiten.

Und da hast du es. Das Ziel ist gesetzt, die Realität wird bewertet, Optionen werden erkundet und du bist verpflichtet. Die Schönheit des **GROW-Modells** liegt in seiner Einfachheit und seiner Kraft, zu helfen, die unparteiische Selbstwahrnehmung (die vielleicht ein wenig schmerzt) in tatsächlichen Fortschritt umzuwandeln, Schritt für Schritt erreichbar. Also, nimm diese vage Idee am hinteren Ende deines Verstandes - poliere sie, bereite sie vor und renne damit...buchstäblich, wenn das der Fall ist!

Affirmationen und Positive Verstärkung

Hast du jemals in den Spiegel geschaut und gedacht: "Ich schaffe das"? Das ist eine tägliche Affirmation, die dabei hilft, das Selbstvertrauen Stück für Stück zu stärken. Den Tag mit Affirmationen zu beginnen, kann wirklich den Ton angeben. Stell es dir vor, als würdest du dir selbst vor dem Verlassen der Tür einen mentalen High-Five geben.

Zum Beispiel kann das Aussprechen von "Ich bin fähig, meine Ziele zu erreichen" zu Beginn deines Tages maßgeblich deine Einstellung beeinflussen. Es ersetzt Selbstzweifel durch Gewissheit. Affirmationen schaffen eine Erzählung, in der du der Held bist, bewaffnet und bereit für die Herausforderungen, die der Tag mit sich bringt.

Ein weiteres mächtiges Werkzeug ist das positive Selbstgespräch. Es geht nicht nur darum, mit sich selbst zu sprechen; es geht darum, sich selbst aufzubauen! Positives Selbstgespräch fördert Widerstandsfähigkeit, sodass du besser vorbereitet bist, um wieder auf die Beine zu kommen, wenn Dinge nicht wie geplant laufen (denn, seien wir ehrlich, das passiert).

Stell dir vor, du arbeitest an einem Projekt und machst einen Fehler. Anstatt zu sagen "Ich bin so ein Idiot", versuche es mit "Es ist eine Lernkurve; beim nächsten Mal werde ich es besser machen." Diese Tonverschiebung – Fehler anzuerkennen, ohne dass sie deine

Fähigkeiten definieren – fördert mentale Stärke, den Grundstein für Widerstandsfähigkeit.

Wenn es um Fortschritt geht, ist es wichtig, Meilensteine zu belohnen. Natürlich sind die großen Ziele wichtig, aber das Feiern kleiner Erfolge hält dich motiviert auf dem Weg. Diese Belohnungen müssen nicht groß sein. Ein Stück Schokolade (du hast es verdient!), eine zehnminütige Tanzpause oder einfach die Anerkennung deines Fortschritts können Wunder bewirken.

Hier ist eine schnelle Anleitung, um diese Techniken zu integrieren:

- **Setze deine tägliche Affirmation**

  Wähle etwas Spezifisches und Positives. Vielleicht "Ich bin heute fokussiert und hartnäckig" oder "Ich bewältige Herausforderungen mit Anmut." Wiederhole es täglich. Bonus-Tipp: Schreibe es auf und klebe es an deinen Spiegel als tägliche Erinnerung.

- **Engagiere dich in positivem Selbstgespräch**

  Wenn ein negativer Gedanke auftaucht, kontere ihn sofort:

  - "Das ist zu schwer" wird zu "Ich werde einen Weg finden, um das durchzuarbeiten."
  - "Ich kann das nicht" wird zu "Ich werde das Schritt für Schritt angehen."

- **Belohne Meilensteine**

  Identifiziere kleine Erfolge auf dem Weg zu deinem großen Ziel. Hast du heute eine schwierige Aufgabe abgeschlossen? Gönn dir etwas, das du genießt. Das Feiern dieser Momente macht die Reise lohnender und hält dich motiviert.

Groß oder klein, sich selbst zu bestärken und Schritte nach vorne zu feiern, ist entscheidend. Um eine einsichtige Vorstellung zu zitieren:

"Erfolg ist die Summe kleiner Anstrengungen, die Tag für Tag wiederholt werden."

Es geht nicht nur um das Ziel; es geht darum, die Zwischenstopps zu genießen.

Mit anderen Worten, wenn du deine Ziele mit Absicht setzt – sie täglich mit Affirmationen ergänzt, positives Selbstgespräch führst und kleine Meilensteine feierst – schaffst du eine Umgebung, in der Erfolg sich natürlich und unkompliziert anfühlt. Du musst ihn selten erzwingen, denn du anerkennst jede gemachte Anstrengung, bestärkst dich täglich und erkennst deine Widerstandsfähigkeit an.

Jeder Tag ist nicht perfekt, und Rückschläge gehören zu jedem Vorhaben. Aber mit diesen Werkzeugen betrachtest du jeden kleinen Erfolg als Fortschritt, verbessert langsam aber stetig dein Selbstvertrauen und deine mentale Ausdauer.

Probiere es aus – bestärke dich selbst, sprich freundlich mit dir und feiere selbst die kleinsten Siege. Beobachte einfach, wie diszipliniert und begeistert du wirst.

Lass uns praktisch werden!

Gut, du bist bereit, die Dinge in Gang zu bringen und wirklich aktiv zu werden, nicht wahr? Lass uns mit Absicht Ziele setzen und etwas Struktur und Spaß in den Prozess bringen. Diese Übung verbindet alle Prinzipien aus Kapitel 4 miteinander - also schnapp dir einen Stift, etwas Papier und los geht's!

Schritt 1: Setze ein SMART-Ziel

Beginne damit, ein **Spezifisches, Messbares, Erreichbares, Relevantes und Zeitgebundenes (SMART)** Ziel zu entwerfen. Denke an etwas, das du wirklich erreichen möchtest. Es könnte alles sein, von der Verbesserung deiner Fitness bis zur Meisterung einer neuen Fähigkeit. Statt zum Beispiel zu sagen: „Ich möchte fit werden", sage: „Ich werde dreimal pro Woche 30 Minuten joggen und in drei Monaten 10 Pfund abnehmen."

- Spezifisch: Joggen
- Messbar: Dreimal pro Woche für 30 Minuten und 10 Pfund
- Erreichbar: Prüfe, ob dein Ziel innerhalb deiner Fähigkeiten liegt.
- Relevant: Stimme es mit breiteren Lebenszielen ab, wie der Gesundheit.
- Zeitgebunden: Drei Monate

Schreibe das auf - behalte es nicht nur in deinem Kopf!

Schritt 2: Visualisierungstechniken für Klarheit

Schließe deine Augen - oder halte sie offen, wenn das dein Ding ist, und male dir ein mentales Bild davon, wie du dieses Ziel erreichst. Stelle dir vor, wie du läufst, schwitzt und diese 30-minütige Joggingrunde mühelos bewältigst. Was wirst du tragen? Wie wirst du dich fühlen? Diese mentale Übung kann kraftvoll sein.

Versuche Sätze wie: "Ich kann mich dabei sehen, jede Joggingeinheit abzuschließen, mich jeden Tag energiegeladener und fitter zu fühlen."

Schritt 3: WOOP es aus

Die WOOP-Methode (Wunsch, Ergebnis, Hindernis, Plan) ist ein fantastischer Weg, um Dinge zu zerlegen. So geht's:

- **Wunsch**: Bejahe deinen Wunsch. Dein Ziel ist es, durch Joggen fit zu werden.
- **Ergebnis**: Visualisiere das Ergebnis erneut und achte genau auf die Vorteile. Denke an die Energie und das Selbstvertrauen, die du gewinnen wirst.
- **Hindernis**: Sei realistisch und identifiziere potenzielle Hindernisse. Vielleicht fühlst du dich an manchen Tagen zu müde oder das Wetter spielt nicht mit.
- **Plan**: Entwickle einen Aktionsplan, um diese Hindernisse zu überwinden. Bei schlechtem Wetter könntest du zum Beispiel auf ein Indoor-Training umsteigen. Gegen Müdigkeit könntest du dich auf gesündere Schlafgewohnheiten konzentrieren.

Beispiel:

- Wunsch: Dreimal pro Woche joggen.
- Ergebnis: Sich gesünder und stärker fühlen.
- Hindernis: Müdigkeit verspüren oder auf schlechtes Wetter stoßen.
- Plan: Drinnen trainieren oder den Schlafrhythmus ändern.

Schritt 4: Anwendung des GROW-Modells

Hier werden wir das GROW-Modell (Ziel, Realität, Optionen, Weg nach vorne) verwenden, um deine Herangehensweise zu konkretisieren.

- **Ziel**: Nenne dein SMART-Ziel. '10 Pfund verlieren, indem du dreimal pro Woche 30 Minuten joggen gehst, über drei Monate hinweg.'
- **Realität**: Wo stehst du momentan? Vielleicht ist dein aktueller Trainingsplan unregelmäßig?
- **Optionen**: Brainstorming von Optionen, um dein Ziel zu erreichen. Könntest du einer Laufgruppe beitreten oder eine Fitness-App zur Motivation nutzen?
- **Weg nach vorne**: Hier wird es konkret. Welche konkreten Maßnahmen wirst du diese Woche ergreifen, um Fortschritte zu machen?

Praktisches Beispiel:

- Ziel: Joggen, abnehmen.
- Realität: Unregelmäßige Trainingsgewohnheiten.
- Optionen: Einer Laufgruppe beitreten, Erinnerungen setzen.
- Weg nach vorne: Der Laufgruppe bis nächsten Montag beitreten, Läufe in deinem Kalender planen.

Schritt 5: Positive Verstärkung mit Affirmationen

Erstelle Affirmationen, um die Stimmung hoch zu halten. Positive Verstärkung wird den dringend benötigten Schwung bringen. Schreibe ein paar Affirmationen auf und lies sie täglich.

Beispiele sind:

- „Ich bin stark und fähig, meine Fitnessziele zu erreichen."
- „Jeder Schritt, den ich mache, bringt mich meinem gesündesten Selbst näher."

- „Ich halte mich an meinen Joggingplan und das zeigt sich in meinem Fortschritt."

Schreibe sie auf, klebe sie an deine Wand oder deinen Spiegel - überall dort, wo du sie regelmäßig siehst.

Abschluss

Am Ende jeder Woche reflektiere über deinen Fortschritt. Notiere, was funktioniert hat, was nicht und ob Anpassungen nötig sind. Feiere kleine Erfolge!

Alles zusammenfügen

Hey, diese Übung ist kein einmaliges Ding. Integriere sie in deine Routine. Überprüfe deine Ziele erneut, visualisiere deinen Erfolg, überwinde potenzielle Hindernisse mit WOOP, wende das GROW-Modell für konkrete Maßnahmen an und verankere dich mit Affirmationen.

Kontinuität und Positivität sind das A und O. Du hast alle Werkzeuge in Kapitel 4; jetzt ist deine Zeit zu glänzen!

Kapitel 5: Aufbau effektiver Gewohnheiten

"Wir sind das, was wir wiederholt tun."

Gewohnheiten aufzubauen ist ein wesentlicher Teil, um langfristigen Erfolg zu erzielen und ein erfüllendes Leben zu schaffen. Aber, **gute Gewohnheiten zu bilden ist nicht immer einfach** – viele von uns kämpfen mit ineffektiven Routinen, die unsere Energie und Motivation beeinträchtigen. Kommt dir das bekannt vor? Dieses Kapitel konzentriert sich darauf, praktische Strategien bereitzustellen, um sicherzustellen, dass unsere Gewohnheiten unser allgemeines Wohlbefinden unterstützen.

Hast du dich schon einmal gefragt, wie es manchen Menschen gelingt, konsequent Sport zu treiben, sich gesund zu ernähren und dennoch den Tag erfolgreich abzuschließen? Sie haben ein solides Verständnis für den Aufbau effektiver Gewohnheiten – etwas, das wir gemeinsam in diesem Kapitel entdecken werden. Wir werden Konzepte wie das Stapeln von Gewohnheiten für langanhaltende Ergebnisse und die Schaffung von Morgen- und Abendroutinen betrachten, die deinen Tag positiv verändern können. Stelle dir vor, energiegeladen aufzuwachen und zufrieden ins Bett zu gehen, in dem Wissen, dass du das Beste aus deiner Zeit gemacht hast.

Wir werden auch besprechen, wie man Bewegung und Meditation in den täglichen Ablauf integrieren kann – Schlüsselelemente, die sowohl Geist als auch Körper stärken. **Gesunde Ernährung** und ihr Einfluss auf die Leistungsfähigkeit werden hervorgehoben, indem gezeigt wird, wie einfache Ernährungswahlen zu bedeutenden Veränderungen führen können. Schließlich wird die Bedeutung von qualitativem Schlaf für den Aufbau von Willenskraft unsere Erkundung abschließen.

Bereit, deine täglichen Gewohnheiten zu transformieren und dein Leben zu beschleunigen? Lass uns beginnen.

Gewohnheitsbildung für langfristigen Erfolg

Eine der effektivsten Möglichkeiten, um dauerhafte Gewohnheiten aufzubauen, ist die Gewohnheitsbildung, bei der kleine Aufgaben zu Routinen kombiniert werden. Statt darüber nachzudenken, sich einer großen Aufgabe zu verpflichten, stelle dir vor, eine Kette winziger Handlungen aufzubauen. Auf diese Weise wird jede kleine Gewohnheit von der nächsten unterstützt und bildet schließlich eine starke, nahtlose Routine.

Mit einfachen Handlungen zu beginnen, ist eine unkomplizierte Methode. Die Taktik hier ist, etwas so Einfaches auszuwählen, dass es unmöglich ist, es nicht zu tun. Wenn dein Ziel ist, die Mundhygiene zu verbessern, beginne damit, deine Zahnbürste neben deinen Wecker zu legen. Wenn dieser Wecker morgens klingelt, wirst du sofort daran erinnert, dir die Zähne zu putzen. Dann gehe zur nächsten winzigen Gewohnheit über: Mache dein Bett sofort nach dem Zähneputzen.

Indem du auf diese einfachen Gewohnheiten aufbaust, füge nach und nach weitere Handlungen hinzu, wenn diese zur Gewohnheit werden. Nimm zum Beispiel das Training. Beginne mit nur fünf Minuten Dehnübungen jeden Morgen. Wenn dies zur Gewohnheit wird, füge einen zehnminütigen Jog oder leichte Körpergewichtsübungen hinzu. Staple diese aufeinander, bis du eine robuste Morgenroutine erstellst – es fühlt sich nicht überwältigend an und vor allem wird es erledigt.

Schritt für Schritt, lass uns über die Gewohnheitsbildung mit einigen praktischen Beispielen sprechen.

Schritt 1: Aktuelle Gewohnheiten identifizieren

- Beachte die kleinen täglichen Gewohnheiten, die du bereits ohne Nachzudenken ausführst – Kaffee trinken, dein Telefon überprüfen oder sogar etwas so Automatisches wie die Tür hinter dir abschließen.

Schritt 2: Einfache neue Gewohnheiten auswählen

- Die neuen Gewohnheiten sollten Handlungen sein, die höchstens eine Minute oder zwei dauern. Beispiele könnten tägliche kurze Spaziergänge, morgens als Erstes ein Glas Wasser trinken oder eine ziemlich kurze To-Do-Liste schreiben.

Schritt 3: Neue Gewohnheiten mit bestehenden verknüpfen

- Verbinde eine neue Gewohnheit mit einer etablierten. Zum Beispiel könntest du morgens während dein Kaffee brüht, eine Minute meditieren. Oder bevor du dein Telefon benutzt, eine Seite eines Buches lesen.

Reale Beispiele helfen dabei zu sehen, wie dies funktioniert. Bei der Gewohnheitsbildung sollte man sich jemanden vorstellen, der seine Produktivität steigern möchte. Wenn er bereits die Gewohnheit hat, nach dem Frühstück sofort E-Mails zu überprüfen, kann er eine schnelle zweiminütige Stretching-Routine vor dem Hinsetzen an seinen Schreibtisch einbauen. Schließlich kann er fünf Minuten für die Zielsetzung des Tages hinzufügen, bevor er mit den E-Mails beginnt. Auf lange Sicht bauen diese kleinen Handlungen eine effiziente Morgenroutine mit wenig Nachdenken auf.

Machen wir es persönlich. Ich war jemand, der es früher hasste, Wasser zu trinken. Ich mochte Kaffee und vermied alles, was auch nur entfernt mit klarem Wasser zu tun hatte. Also begann ich mit einem einfachen Schritt. Bevor ich meinen Morgenkaffee brühte, füllte ich eine Wasserflasche. Keine spezielle Zeitplanung, nur eine unkomplizierte "tu dies zuerst"-Struktur. Weißt du was? Mit der Zeit... das Trinken dieser Flasche, bevor ich meinen Kaffee genoss, wurde zur Gewohnheit. Wasseraufnahme: erledigt!

Der Zauber liegt hier in der Einfachheit und allmählichen Anhäufung. Versuche, gewaltsam eine neue Verhaltensweise hinzuzufügen, könnte zu Frustration führen. Indem du das, was du tun möchtest, auf bereits verankerte Verhaltensweisen stapelst, wird der Prozess praktisch nahtlos – fast automatisch.

Es ist sicherlich wichtig, dass alles für dich funktioniert. Manche mögen die schriftliche Erinnerung, indem sie Klebezettel an sichtbaren Stellen platzieren, um die neue Handlung anzuregen, bis sie zur Gewohnheit wird. Andere verfolgen den Fortschritt vielleicht nicht mit strengen Zeitplänen, sondern mit einer entspannteren Checkliste.

"Erfolg ist die Summe kleiner Anstrengungen, die Tag für Tag wiederholt werden."

Wenn sich im Laufe der Zeit kleine Gewohnheiten ansammeln, schaffen sie neue Wege in deinem Tag (und deinem Geist in gewissem Maße). Es geht darum, dieses Muster zu finden – sie so zu stapeln, dass sie unterstützen, anstatt zu überwältigen. Einfachheit, oder? Neue, komplexere Gewohnheiten mit den bereits vorhandenen Knotenpunkten in deinem Tag zu kombinieren wird allmählich Erfolg kultivieren.

Im großen Ganzen dieser Praxis sind die Gewohnheiten wie eine Kette miteinander verbunden. Du wirst nicht von großen Veränderungen überwältigt. Stattdessen übernimmst du nach und nach die Kontrolle, Stück für Stück – ohne Kampf.

Also beginne damit, deine winzigen Routinen zu identifizieren. Stapel diese neuen Handlungen auf eine Weise, die sich natürlich anfühlt... und bald wirst du feststellen, dass sie zu größeren und besseren Ergebnissen führen. Auf ein erfolgreiches Festhalten an diesen förderlichen Gewohnheiten ohne große Anstrengung!

Morgen- und Abendroutinen, die funktionieren

Es ist wichtig, konsistente Aufwachzeiten zu planen. Warum, fragst du? Weil Konsistenz den Ton für deinen Tag setzt - jeden Tag zur gleichen Zeit aufwachen hilft dabei, wie du mit der Welt interagierst. Und ehrlich gesagt, macht es einfach alles einfacher. Zum Beispiel, wenn du versuchst, vor der Arbeit ins Fitnessstudio zu gehen, weißt du genau, wie viel Zeit du hast...kein Rätselraten. Außerdem gewöhnt sich dein Körper daran, was die Morgen etwas weniger verschlafen macht.

Lassen uns über die Abende sprechen. Das Reflektieren über den Tag vor dem Schlafen ist nicht nur für alte Philosophen. Ehrlich gesagt, es ist eine der besten Gewohnheiten, die du entwickeln kannst. Schnapp dir ein Notizbuch und notiere ein paar Gedanken. Dinge wie "Was lief heute gut?" und "Was kann ich morgen verbessern?" aufzuschreiben, kann über die Zeit echte Magie entfalten. Es gibt dir einen Moment zum Innehalten - um vor dem Schlafengehen achtsamer zu sein. Und ehrlich gesagt, es ist viel besser als stundenlang durch dein Telefon zu scrollen.

Jetzt sind die Aufwachzeiten geplant. Super, aber was ist mit der Priorisierung von Aufgaben? Beginne mit den wichtigsten. Vielleicht ist es der Bericht, den du vor dir herschiebst oder das schwierige Gespräch, das du führen musst. Pack es einfach an...Erledige es. Die größten Aufgaben zuerst abhaken kann dir ein großartiges Gefühl der Erfüllung geben - ein kleiner Schub von "Ich schaffe das!" für den Rest des Tages. Du kennst das, wenn du eine

Sache erledigt hast, fühlt es sich plötzlich einfacher an, alles andere zu tun? Das ist der Schwung, den wir anstreben.

Hier ist eine praktische Möglichkeit, um anzufangen:

- **Plane konsistente Aufwachzeiten**

  Stell dir vor, du stellst deinen Wecker während der ganzen Woche und auch am Wochenende zur gleichen Zeit ein. Platziere ihn auf der anderen Seite des Raumes, wenn nötig, damit du aufstehen musst, um ihn auszuschalten. (Ja, es mag grausam erscheinen, aber es funktioniert definitiv). Eine regelmäßige Aufstehzeit trainiert deinen Körper und Geist, um natürlich aufzuwachen, was den Kampf mit der Schlummertaste reduziert.

- **Reflektiere über den Tag vor dem Schlafen**

  Bevor du ins Bett gehst, nimm dir ein paar Minuten Zeit, um deinen Tag zu rekapitulieren. Denke über die Momente in Meetings oder Dialogen nach, die du während des Tages geteilt hast. Frage dich ehrlich: "Was war das Highlight des Tages?" und "Wo kann ich morgen kleine Veränderungen vornehmen?". Diese kleine Gewohnheit kann ziemlich kraftvoll sein und deine Gedanken verlangsamen, was das Einschlafen erleichtert.

- **Priorisiere wichtige Aufgaben**

  Erstelle eine Liste am Vorabend oder gleich am nächsten Morgen. Schreibe bis zu drei wichtige Dinge auf, die du erledigen musst. Ordne sie nach Wichtigkeit und arbeite sie gewissenhaft durch. Ja, es mag nicht spaßig erscheinen, aber glaub mir, die großen Aufgaben zuerst anzugehen, kann dich in eine großartige mentale Verfassung für den Rest des Tages versetzen.

Die Idee hier ist, einfache Routinen zu entwickeln, die tatsächlich einen Unterschied machen. Während das Reflektieren über den Tag nicht obligatorisch ist, hilft es sicherlich. Die Umsetzung von konsistenten Aufwachzeiten ist nicht für Kontrollfreaks gedacht; es ist für diejenigen, die ein reibungsloseres, weniger gestresstes Leben anstreben. Die Priorisierung mag anfangs überwältigend erscheinen, aber einmal gemeistert, türmen sich die Aufgaben nicht auf.

"Erfolg ist nicht die Summe mächtiger Veränderungen; es ist die gut geübte Gewohnheit einfacher Handlungen, die konsequent ausgeführt werden."

Eile nicht durch dein Leben. Ergreife Maßnahmen, um sicherzustellen, dass deine Routinen gut mit deinen täglichen Zielen übereinstimmen. Mische es mit gewohnheitsbildenden Aktivitäten wie einer konsistenten Aufwachzeit und dem aktiven Reflektieren über vergangene Tage - die Dinge scheinen viel mehr machbar, oder?

Integration von Bewegung und Meditation in Ihren Tagesablauf

Für viele von uns kann es schwierig sein, mit einem Trainingsplan zu beginnen. Wir schieben es auf, vielleicht weil wir zu müde, beschäftigt oder einfach "nicht in Stimmung" sind. Aber sich an einen regelmäßigen Trainingsplan zu halten, geht nicht nur um die körperliche Gesundheit; es geht darum, effektive Gewohnheiten aufzubauen, die das allgemeine Wohlbefinden verbessern. Ich habe ein paar hoffentlich praktische Tipps, um Ihnen den Einstieg zu erleichtern und am Ball zu bleiben.

Schritt 1: Planen Sie tägliche Trainingseinheiten.

Von Anfang an nehmen Sie sich Zeit dafür. Morgens oder abends? Egal. Wählen Sie die Tageszeit, wenn Sie sich energiegeladener fühlen. Schreiben Sie es in Ihren Planer. Behandeln Sie es wie einen anderen wichtigen Termin. "Meeting um 10? Fitnessstudio um 5?" Es geht nicht nur darum, etwas einzutragen; es geht darum, einen Zeitblock für sich und Ihre Gesundheit zu reservieren.

Berücksichtigen Sie Aktivitäten, die Ihnen Spaß machen. Hassen Sie es zu laufen? Versuchen Sie stattdessen einen Tanzkurs oder Radfahren. Es ist einfacher, etwas durchzuziehen, wenn Sie es mögen (oder zumindest nicht hassen). Achten Sie darauf, wie sich Ihr Körper nach dem Training anfühlt, und lassen Sie sich davon motivieren.

Schritt 2: Üben Sie Achtsamkeitsmeditation.

Ich weiß, Meditation mag etwas seltsam erscheinen, aber bleiben Sie dran. Diese kleine Praxis kann neu definieren, wie Sie mit Stress umgehen. Finden Sie einen ruhigen Ort und setzen Sie sich bequem hin. Konzentrieren Sie sich auf Ihre Atmung – spüren Sie sie, verlangsamen Sie sie und lenken Sie Ihren Geist jedes Mal zurück, wenn er abschweift. Es mag anfangs knifflig erscheinen, aber mit etwas Übung wird es natürlich.

Denken Sie daran – Bewegung trainiert Ihren Körper, während Meditation Ihren Geist trainiert. Sie würden keinen Tag für das Beintraining auslassen, also warum einen Tag für die mentale Gesundheit auslassen? Versuchen Sie, 5-10 Minuten Meditation in Ihren täglichen Ablauf zu integrieren. Machen Sie es noch einfacher, indem Sie es mit einer anderen Gewohnheit verknüpfen, wie direkt nach Ihrem morgendlichen Training oder kurz vor dem Schlafengehen.

Schritt 3: Ausgewogenheit zwischen körperlichen und mentalen Aktivitäten.

"Man kann nicht aus einem leeren Krug schöpfen", heißt es... und wirklich, sollten Sie nicht Ihre eigene Priorität sein? Die Balance zwischen körperlichen und mentalen Aktivitäten kann Ihnen helfen, zentriert zu bleiben. Kombinieren Sie Cardio-Übungen mit Dehnübungen oder Yoga. Schließen Sie eine HIIT-Sitzung mit Atemübungen ab.

Die Idee hier ist, Harmonie zu schaffen. Sie benötigen keine Stunden für diese Balance – ein einfacher 30-minütiger Spaziergang gefolgt von 10 Minuten Meditation kann Wunder bewirken. Hören Sie auf Ihren Körper und Geist, reagieren Sie darauf, was jeder in diesem Moment braucht.

Hier ist ein goldener Tipp zum Merken:

"Es geht nicht darum, der Beste zu sein; es geht darum, besser zu sein als gestern."

Diese Balance stellt sicher, dass Sie keinen Aspekt gegenüber dem anderen vernachlässigen. Binden Sie Achtsamkeit in die Bewegung ein – wenn Sie laufen, lassen Sie die Musik für eine Weile aus und hören Sie dem Klang Ihres Atems zu. Es verbindet Sie tiefer mit der Aktivität und führt oft zu produktiveren und effektiveren Workouts.

Sich unsicher fühlen, wo Sie anfangen sollen? Das ist in Ordnung... beginnen Sie klein. Machen Sie diesen Spaziergang um den Block, tragen Sie das Training ein, atmen Sie tief ein und lassen Sie kleine Schritte Sie gemeinsam auf dem Weg zur Bildung effektiver Gewohnheiten lenken. Diese fortlaufende Praxis hält Sie nicht nur fit; sie wird ein Gefühl von Ruhe und Wohlbefinden fördern, das Ihnen hilft, Herausforderungen mit einem klareren und fokussierteren Geist zu meistern. Konsistenz ist hier entscheidend – nicht Perfektion.

Wichtige Konzepte, auf die Sie sich konzentrieren sollten:

- Wählen Sie Aktivitäten, die Ihnen Spaß machen
- Reservieren Sie sich dedizierte Zeit
- Kombinieren Sie Bewegung mit Achtsamkeit
- Bewahren Sie Konsistenz über Perfektion

Richten Sie sich auf Erfolg ein, nicht auf Misserfolg. Und seien Sie freundlich zu sich selbst; Sie tun hier etwas Erstaunliches. Sowohl Körper als auch Geist zu trainieren, kann den Weg zu einem ausgewogenen, erfüllteren Leben ebnen.

Gesunde Ernährung für optimale Leistung

Eine ausgewogene, nährstoffreiche Ernährung spielt eine wichtige Rolle für die tägliche Leistungsfähigkeit. Oftmals gehen wir durch den Tag und knabbern an schnellen Snacks, die harmlos erscheinen, aber unserem Körper nicht wirklich dabei helfen, seine Bestleistung zu erbringen. Interessanterweise können die Mahlzeiten, die wir zu uns nehmen, erheblichen Einfluss auf unsere Konzentration, Energielevel und unser allgemeines Wohlbefinden haben. Vor allem streben nach einer ausgewogenen Ernährung ebnet den Weg für optimale Leistung.

Um anzufangen, ist es entscheidend, vollwertige Lebensmittel anstelle von verarbeiteten zu wählen. Wenn wir verarbeitete Lebensmittel und Zucker vermeiden, erhalten unsere Körper Nährstoffe in ihrer natürlichen Form. Hast du jemals das Etikett eines Snacks gelesen und konntest die Hälfte der Zutaten nicht erkennen? Das ist unser Zeichen - unsere Körper gedeihen besser, wenn wir uns an einfache, natürliche Lebensmittel halten. Denke zum Beispiel daran, einen Apfel anstelle einer Süßigkeit zu greifen. Auf diese Weise unterdrücken wir nicht nur den unnötigen Zucker, sondern versorgen unseren Körper auch mit Ballaststoffen und Vitaminen, die eine anhaltende Energie über schnelle Spitzen und Abstürze hinweg unterstützen.

Und in Bezug auf **Energie**... ist es ebenso wichtig, den ganzen Tag über ausreichend hydriert zu bleiben. **Wasser** hilft uns wacher zu fühlen und kann unsere Stimmung verbessern. Ich meine, wer hatte nicht schon einmal einen dieser Tage, an denen man sich einfach nicht wohl gefühlt hat und dann festgestellt hat, dass man nicht genug **Wasser** getrunken hatte? Ja, Hydratation kann wahre Wunder bewirken. Pro-Tipp: Halte eine **Wasser**flasche in Reichweite, um kontinuierlich zu trinken. Falls dir einfaches **Wasser** nicht zusagt, kann eine Scheibe Zitrone einen erfrischenden Akzent verleihen, ohne ungesunde Zusätze hinzuzufügen.

Als nächstes ist es auch sehr wichtig, darüber nachzudenken, wie wir unsere Lebensmittel kombinieren. Ausgewogene Mahlzeiten enthalten eine Mischung aus Proteinen, gesunden Fetten und Kohlenhydraten. Zum Beispiel erfüllt es alle Kriterien, den Tag mit Haferflocken, Beeren und einer Handvoll Nüsse zu beginnen. Die Proteine aus den Nüssen, die Kohlenhydrate aus den Haferflocken und die natürlichen Zucker aus den Beeren bieten zusammen einen großartigen, langanhaltenden Energieschub. Glaube mir, probiere ein paar Kombinationen aus und beobachte, wie anders dein Körper im Vergleich zu einem schnellen Bagel allein reagiert.

Hier ist etwas, das ich betonen möchte: **Grünzeug und Gemüse sind unsere besten Verbündeten**. Sie sind vollgepackt mit lebenswichtigen Vitaminen und Mineralien. Hast du schon einmal den Spruch gehört 'iss deinen Regenbogen'? Es geht darum, verschiedene bunte Gemüsesorten in deine Mahlzeiten einzubeziehen. Jede Farbe bietet unterschiedliche Nährstoffe, die zusammen unseren Körper stärken. Beim Zubereiten einer Mahlzeit kannst du das nächste Mal rote Paprika, Spinat und vielleicht ein paar bunte Karotten hinzufügen. Sie sind nicht nur gut für dich, sondern können deinen Teller zu einer lebendigen Palette machen.

Eine große Portion natürlicher Lebensmittel hilft enorm. Verarbeitete und Fast-Food-Produkte können uns träge und müde fühlen lassen und unsere Bemühungen um unsere Ziele sabotieren. Das bedeutet nicht, dass man Süßigkeiten komplett ausschließen sollte (das macht keinen Spaß), aber achtsam zu sein und die meiste Zeit bessere Optionen zu wählen, macht einen Unterschied.

"Der größte Reichtum ist Gesundheit, und die Entscheidungen, die wir täglich treffen, formen diesen Reichtum maßgeblich."

Um diese Erkenntnis zusammenzufassen, denke daran, sie folgendermaßen umzusetzen:

- **Variiere deinen Teller**

  Kombiniere Proteine, Fette und Kohlenhydrate, um deine Energielevel aufrechtzuerhalten. Denke an mageres Fleisch mit braunem Reis und Gemüse - so etwas in der Art.

- **Kluge Snacks**

  Tausche Chips gegen Früchte oder Nüsse aus, um länger satt zu bleiben und dich besser zu versorgen.

- **Häufig hydrieren**

  Einfache, regelmäßige Schlucke über den Tag verteilt können sich mit besserer Konzentration und Energie auszahlen. Halte **Wasser** sichtbar und zugänglich, zum Beispiel auf deinem Arbeitstisch oder in deiner Tasche.

Die Integration dieser Gewohnheiten mag wie kleine Schritte erscheinen, aber glaube mir, sie haben es in sich. Sich Zeit zu nehmen, gut zu essen, hydriert zu bleiben und vollwertige Lebensmittel anstelle von verarbeiteten zu wählen, bereitet uns natürlich auf Erfolg vor. Vertraue auf diese Grundlagen und beobachte, wie sie deine tägliche Leistungsfähigkeit verbessern.

Die Rolle des Schlafes beim Aufbau von Willenskraft

Ausreichend **Schlaf** zu bekommen, geht nicht nur darum, sich ausgeruht zu fühlen; es ist auch ein wesentlicher Bestandteil des Aufbaus von **Willenskraft**. Viele Menschen übersehen das und denken, sie werden einfach ohne ausreichende Erholung "durchhalten". Aber diese Einstellung führt schnell zu "Ausgebranntsein" und erschwert es, Ihre Ziele zu erreichen. Ausreichend Schlaf kann wirklich helfen - also konzentrieren Sie sich darauf, wie Sie Ihren **Schlafrhythmus** optimieren können.

Wenn möglich, streben Sie nach 7-8 Stunden Schlaf pro Nacht. Dieser Zeitrahmen hat sich als ideal für die meisten Erwachsenen erwiesen. Obwohl es verlockend ist, spät aufzubleiben, um die letzte Arbeit zu beenden oder nur noch eine Folge anzusehen, ist es entscheidend, Ihren Schlaf an oberster Stelle Ihrer Prioritätenliste zu setzen. Schließlich beeinflusst unzureichender Schlaf Ihre Stimmung, Konzentration und Fähigkeit, Entscheidungen zu treffen... alles Dinge, die sich direkt auf Ihre Willenskraft auswirken.

Die Aufrechterhaltung eines **Schlafrhythmus** ist genauso wichtig. Jeden Tag zur gleichen Zeit ins Bett zu gehen und aufzuwachen, stellt die innere Uhr Ihres Körpers oder den zirkadianen Rhythmus ein. Diese Konstanz kann es erleichtern, natürlich einzuschlafen und aufzuwachen, ohne sich schlapp zu fühlen. Wenn Ihr Schlafplan zu stark variiert, kann dies diesen Rhythmus durcheinander bringen und Sie sich fühlen lassen, als ob Sie am Montagmorgen von einem Zug getroffen worden wären. Vertrauen Sie mir, es lohnt sich, sich darum zu bemühen, es zur Routine zu machen - auch am Wochenende.

Sie möchten auch eine beruhigende **Abendroutine** schaffen. Stellen Sie sich vor, jeden Tag mit Aktivitäten abzuschließen, die Ihnen helfen zu entspannen, anstatt Sie anzuregen. Hier sind einige praktische Tipps:

- **Dimmen Sie das Licht:** Die Helligkeit in Ihrem Zuhause zu reduzieren signalisiert Ihrem Körper, dass es Zeit ist, die Dinge abzuschließen.
- **Bildschirme weglegen:** Blaues Licht von Telefonen und Computern kann Ihr Gehirn wach halten. Versuchen Sie stattdessen, ein Buch zu lesen oder beruhigende Musik zu hören.
- **Warmes Bad oder Dusche:** Dies kann helfen, Ihre Muskeln und Ihren Geist nach einem langen Tag zu entspannen.
- **Achtsames Atmen:** Ein paar Minuten, um sich auf Ihren Atem zu konzentrieren, kann helfen, jeglichen anhaltenden Stress oder Sorgen zu lindern.

"Es ist nicht der Schlaf, den Sie bekommen... Es ist der BESSERE Schlaf, den Sie bekommen", mag einfach klingen, aber es hat viel Gewicht. Mit erholsamem, qualitativ hochwertigem Schlaf stärken Sie wahrscheinlich Ihre Willenskraft.

Denken Sie über einige Tipps nach, was zu denken, zu tun oder zu fühlen ist, wenn es darum geht, diese solide Schlafgrundlage zu schaffen. Denken Sie darüber nach, wie ausgeruht sein zu effektiveren Entscheidungen führen kann. Spüren Sie, wie weniger Erschöpfung sich positiv auf Ihre Stimmung jeden Tag auswirkt. Beginnen Sie damit, kleine Erfolge zu bemerken, die leichter zu erreichen sind, weil Sie gut ausgeruht sind.

Denken Sie daran, dass die Neugestaltung Ihrer Schlafgewohnheiten nicht über Nacht passieren wird (Wortspiel beabsichtigt). Aber wie bei jeder anderen Gewohnheit zahlt sich auch hier die Konsistenz aus. Machen Sie allmähliche Anpassungen:

- **Verschieben Sie die Schlafenszeit:** Wenn Sie normalerweise zu spät schlafen, verschieben Sie Ihre Schlafenszeit in 15-Minuten-Schritten nach vorne.

- **Morgensonne:** Ihr Körper benötigt früh am Tag natürliches Licht, um Ihre innere Uhr zu regulieren, also tanken Sie etwas Sonne, wenn Sie können.
- **Koffein und Alkohol begrenzen:** Diese können Ihre Fähigkeit, einzuschlafen und durchzuschlafen, beeinträchtigen.

Sich auf den Schlaf zu konzentrieren mag grundlegend klingen, aber die Wahrheit ist, dass schlechte Schlafgewohnheiten einer Ihrer Hauptbarrieren sein könnten, um eine robuste Willenskraft zu erlangen. Indem Sie auf 7-8 Stunden zielen, einen festen Zeitplan einhalten und eine entspannende Abendroutine schaffen, legen Sie den Grundstein für ein entschlosseneres und widerstandsfähigeres Selbst. Also, versuchen Sie es und beobachten Sie, wie diese einfache Veränderung Ihr Leben tiefgreifend beeinflussen kann.

Lass uns praktisch werden!

Also gut, krempeln wir die Ärmel hoch und widmen uns dem Wesentlichen beim Aufbau effektiver Gewohnheiten. Diese Übung wird Sie Schritt für Schritt anleiten, die Weisheit aus Kapitel 5 von "Die Macht der positiven Selbst-disziplin" anzuwenden und diese abstrakten Konzepte in tägliche Gewohnheiten umzuwandeln.

Schritt 1: Definiere dein 'Warum?'

Beginnen Sie damit, Ihre Motivationen genau zu bestimmen. Denken Sie darüber nach, warum Sie neue Gewohnheiten aufbauen möchten. Ist es für bessere Gesundheit, gesteigerte Produktivität oder inneren Frieden? Schreiben Sie es auf. Zum Beispiel:

- "Ich möchte gesündere Gewohnheiten entwickeln, um mehr Energie für meine Kinder zu haben."
- "Ich möchte eine Morgenroutine entwickeln, um meinen Tag mit einem klaren Kopf zu beginnen."

Indem Sie Ihre Gründe stets im Blick behalten, können Sie die Bodenhaftung finden, die Sie brauchen, wenn es schwierig wird.

Schritt 2: Beginne klein mit dem Habit-Stacking

Sie möchten damit beginnen, eine neue Gewohnheit an eine bestehende anzuhängen - ein einfacher, aber kraftvoller mentaler Trick. Es nennt sich Habit-Stacking. Identifizieren Sie eine aktuelle Gewohnheit, wie das Zähneputzen, und fügen Sie direkt danach eine neue, kleine Gewohnheit hinzu. So können Sie es machen:

- Wenn Sie normalerweise morgens Ihre Zähne putzen, fügen Sie 5 Minuten Meditation hinzu.
- Wenn Sie morgens Kaffee trinken, notieren Sie anschließend drei Dinge, für die Sie dankbar sind.

Durch das Platzieren neuer Gewohnheiten in den Ablauf Ihrer bestehenden Routine schaffen Sie einen nahtlosen Übergang.

Schritt 3: Etabliere eine effektive Morgenroutine

Als Nächstes, lassen Sie uns diese wichtige Morgenroutine gestalten, die einen positiven Ton für Ihren gesamten Tag setzen kann. Hier ist eine vorgeschlagene Abfolge:

- **Aufwachen und hydrieren** – Trinken Sie ein Glas Wasser (der perfekte Weg, um Ihren Körper aufzuwecken).
- **Strecken oder Übungen** – Machen Sie eine schnelle 10-minütige Dehnung oder joggen Sie an Ort und Stelle (wecken Sie diese Muskeln!).
- **Meditation** – Verbringen Sie 5 Minuten in Achtsamkeit oder Tiefenatmung.
- **Planen Sie Ihren Tag** – Nehmen Sie weitere 5 Minuten, um Ihre Top 3 Prioritäten zu skizzieren.

Manche bevorzugen den Start mit Meditation, während andere erst diese morgendliche Dehnung benötigen. Passen Sie es an, um zu Ihrer Stimmung zu passen!

Schritt 4: Entwerfe eine Abendroutine zur Entspannung

Wenn der Tag zu Ende geht, sollten Sie es auch. So können Sie einen perfekten Abschluss gestalten:

- **Digitale Entgiftung** – Schalten Sie mindestens eine Stunde vor dem Schlafengehen Bildschirme aus.
- **Reflektieren** – Verbringen Sie ein paar Minuten in einem Tagebuch (was lief gut? Was können Sie verbessern?).

- **Vorbereitung auf morgen** – Legen Sie Ihre Kleidung bereit, erstellen Sie eine To-Do-Liste.
- **Lesen oder Entspannen** – Lesen Sie ein Buch oder machen Sie etwas leichte Yoga-Übungen.

Ein Beispiel könnte sein, eine Tasse Kräutertee zu trinken, während Sie Tagebuch führen, oder 20 Minuten zu lesen, bevor Sie das Licht ausschalten.

Schritt 5: Integrieren Sie Bewegung und Meditation in Ihre Routine

Kontinuität ist entscheidend. Versuchen Sie, Bewegung und Meditation nahtlos in Ihren Tag einzufügen, ohne dass es erzwungen oder stressig wirkt. Hier ist eine Idee, wie es funktionieren kann:

- **Morgen** - Ein paar Minuten Meditation, bevor Sie etwas anderes tun.
- **Nachmittag** - Kurzer Spaziergang während einer Mittagspause (brechen Sie die Arbeitsmonotonie).
- **Abend** - Leichtes Dehnen oder eine ruhige Yoga-Sitzung.

Auch hier kann Habit-Stacking helfen - wie zum Beispiel direkt nach dem Aufwachen zu meditieren oder nach Ihrem Mittagsspaziergang.

Schritt 6: Erstellen Sie einen Ernährungsplan für optimale Leistung

Gute Gewohnheiten beginnen von innen. Planen Sie Mahlzeiten, die nähren und Energie liefern. Entwerfen Sie einen einfachen, aber praktischen wöchentlichen Speiseplan. Zum Beispiel:

- **Frühstück** - Haferflocken mit Früchten und Nüssen oder ein Gemüse-Omelett.

- **Mittagessen** - Gemischter Salat mit gegrilltem Hühnchen oder eine Quinoa-Schüssel.
- **Abendessen** - Gebackener Lachs mit gedünstetem Gemüse oder eine herzhafte Gemüsesuppe.

Ein guter Snack könnten Nüsse oder ein Apfel sein, um den Mittagshunger im Zaum zu halten, ohne leere Kalorien zu sich zu nehmen.

Schritt 7: Priorisieren Sie Schlaf als Form des Willenskraft-Aufbaus

Schlaf, dieser ungesungene Held im Land der Willenskraft. Versuchen Sie, einen Schlafrhythmus festzulegen, der 7-9 Stunden Ruhe gewährleistet.

- **Konsistente Bettgeh- und Aufstehzeit** – Ja, auch am Wochenende.
- **Schlaf-Fördernde Umgebung** – Dimmen Sie das Licht, bequeme Bettwäsche, kühle Zimmertemperatur.
- **Stimulanzien begrenzen** – Vermeiden Sie Koffein oder schwere Mahlzeiten spät am Abend.

Zum Beispiel könnten Sie einen Wecker für den Übergang in den Entspannungsmodus stellen, anstatt zum Aufwachen; das könnte Sie dazu veranlassen, Ihre abendliche Routine zu beginnen und sicherzustellen, dass Sie rechtzeitig ins Traumland kommen.

Indem Sie es Schritt für Schritt angehen und diese Praktiken in Ihr tägliches Leben einweben, können Sie eine Festung positiver Gewohnheiten schaffen, die Ihre Ziele unterstützen. Kontinuierliche, beständige Bemühungen sind hier entscheidend. Viel Erfolg beim Aufbau der Gewohnheiten!

Kapitel 6: Überwindung häufiger Fallstricke

"Erfolg ist, von Misserfolg zu Misserfolg zu stolpern, ohne die Begeisterung zu verlieren."

Hast du jemals das Gefühl gehabt, dass du ständig einen aussichtslosen Kampf gegen Prokrastination führst oder falschen Hoffnungen nachjagst? In diesem Kapitel wird auf genau diese Kämpfe eingegangen, mit denen wir alle konfrontiert sind. **Überwindung häufiger Fallstricke** - machen dich diese Worte nicht einfach nur erleichtert? Wenn du dich jemals gefragt hast, warum Aufgaben immer bis zur letzten Minute dauern oder warum Veränderungen dir Unbehagen bereiten, bist du nicht allein (wir waren alle schon dort).

Das Verständnis einiger hinterlistiger Prinzipien wie dem Parkinson-Gesetz und dem **Falsche-Hoffnung-Syndrom** kann darauf hinweisen, warum du immer wieder gegen dieselbe Wand läufst. Ich wette, Prokrastination ist dir kein Fremder... wir werden es direkt angehen. Dann gibt es noch diese lästigen unrealistischen Erwartungen, die an dir nagen, dich für Enttäuschungen vorbereiten. Und lassen wir uns nicht vormachen, dass Unbehagen und Veränderung nicht, nun ja, unangenehm sind!

Was wäre, wenn du wüsstest, dass nur **ein wenig mehr Anstrengung** einen großen Unterschied machen könnte? Hier kommt die "40%-Regel" ins Spiel - eine Idee, die dich dazu ermutigen wird, an deine Grenzen zu gehen (ohne das Gefühl zu haben, dass du dich überforderst).

Am Ende dieses Kapitels wirst du mit Taktiken ausgerüstet sein, um deine Zeit zu managen, deine Erwartungen zu zügeln und Unbehagen als Sprungbrett zu betrachten. Bereit, diese Hürden zu überwinden? Lass uns eintauchen und diese Fallstricke meistern!

Das Verständnis von Parkinsons Gesetz und dem falschen Hoffnungssyndrom

Parkinsons Gesetz... lass uns darüber sprechen, wie Arbeit dazu neigt, sich auszudehnen, um die Zeit auszufüllen, die du ihr gegeben hast. Hast du schon mal bemerkt, dass wenn du einen ganzen Tag hast, um eine Aufgabe zu beenden, es irgendwie den ganzen Tag dauert? Es ist wie Magie, wenn Prokrastination eine Superkraft wäre. Dies ist nicht nur eine skurrile Beobachtung; es ist tatsächlich ein anerkanntes Konzept. Es bedeutet im Grunde genommen, dass wenn du einen längeren Zeitrahmen für eine Aufgabe setzt, selbst eine einfache... wirst du irgendwie die ganze Zeit dafür verwenden (wahrscheinlich weil alles andere mehr last minute wirkt). Das Halten von extrem knappen Fristen kann helfen, dieser Falle zu entgehen - gib dir nur genug Zeit für die Aufgabe, ohne mehr zu polstern als nötig.

Dann gibt es das falsche Hoffnungssyndrom. Es geht darum, übermäßig ehrgeizige Ziele zu setzen. Du weißt schon, diese großen Pläne wie "Ich werde dieses Jahr drei neue Sprachen lernen" oder "Ich werde bis zum Sommer 50 Pfund abnehmen." Klingt vertraut? Unsere Hoffnungen drängen uns dazu, die Messlatte viel zu hoch zu legen. Es ist immer gut, nach großen Dingen zu streben, aber wenn du immer zu weit strebst, bauen sich Enttäuschungen auf und die Moral sinkt. Hast du jemals große Pläne gefasst, nur um festzustellen, dass es zu entmutigend ist und komplett aufzugeben? Ja, das ist das falsche Hoffnungssyndrom am Werk. Der Schlüssel hier - und das ist wirklich wichtig - ist es, realistische, umsetzbare

Ziele zu setzen. Wer möchte nicht erstaunliche Dinge erreichen? Aber lass uns realistisch bleiben, um es möglich zu machen.

Also... wie gehen wir mit beiden dieser kniffligen Situationen um? **Realistische Planung** ist hier dein bester Freund. Stelle sicher, erreichbare Fristen zu setzen, gib jeder Aufgabe eine gesunde Dosis Dringlichkeit, aber ohne unnötige Panik.

Okay, hier ist ein einfacher Weg, um diesen Fallstricken aus dem Weg zu gehen:

- **Klare Ziele definieren**

  Sei spezifisch. Statt zu sagen, "Ich möchte fit werden", strebe nach "Ich möchte 30 Minuten Sport machen, fünf Mal pro Woche." Diese Klarheit setzt ein praktisches Ziel.

- **In kleine Schritte unterteilen**

  Teile es in kleinere Schritte auf. Kleine Portionen machen große Aufgaben überschaubar. Es ist der Unterschied zwischen "Ich werde ein Buch schreiben" und "Ich werde täglich 20 Minuten lang schreiben."

- **Realistische Fristen setzen**

  Wenn du dein Haus entrümpeln musst, könnte es viel besser funktionieren, wenn du mit einem Raum pro Wochenende anfängst, anstatt zu versuchen, alles auf einmal zu tun.

- **Überwachen und Anpassen**

  Markiere deinen Fortschritt, während du vorankommst. Wenn du feststellst, dass Dinge länger dauern, passe den Zeitplan an - aber verlängere ihn nicht endlos. Schnelle Anpassungen können dich auf Kurs halten.

Hier ist ein praktisches Beispiel: Wenn du deine Fähigkeiten in etwas Neuem verbessern möchtest, wie zum Beispiel Malen, plane nicht eine Ausstellung in sechs Monaten ohne Erfahrung. Fang klein an. Strebe stattdessen an, jeden Monat ein Gemälde zu vollenden. Mache allmähliche Fortschritte, entwickle deine Fähigkeiten und reduziere überwältigenden Druck, der sonst zu Enttäuschungen... und häufigem Aufgeben führen kann.

Zum Beispiel,

"Du wirst vielleicht nie etwas erreichen, wenn du denkst, dass du durch das bloße Setzen eines hohen Ziels automatisch in der Lage sein wirst, es leicht zu erreichen."

Diese versteckten Hürden wie Prokrastination und übermäßig ehrgeizige Hoffnungen werden dich ehrlich gesagt nicht beeindrucken, sobald du dich auf diesen ausgewogenen Ansatz konzentrierst. Es geht darum, diese schnellen Siege zu kombinieren, um deine größeren Erfolge zu glätten.

Zusammenfassend (gut gemacht bis hierhin), nutze klare Zielsetzung, realistische Zeitpläne und überwache deinen Fortschritt genau. Das spart nicht nur, dass du überlastet wirst, sondern hält dich auch motiviert. Ziemlich einfach und dennoch wirkungsvoll, die Weisheit von Parkinsons Gesetz klug anzuwenden und das falsche Hoffnungssyndrom zu vermeiden, kann einen großen Unterschied machen!

Wer ist bereit, mit etwas mehr Weisheit und viel weniger Stress zu planen?

Strategien zur Bekämpfung von Prokrastination

Also gut, lasst uns gleich einsteigen. Prokrastination – sie erwischt uns alle. Wir sind alle schon einmal dort gewesen, haben auf eine scheinbar riesige Aufgabe gestarrt, die so überwältigend erscheint. Aber Moment mal, was ist, wenn du Stück für Stück an dieser Monster-Aufgabe arbeiten könntest? Aufgaben in kleinere Schritte aufteilen ist genau das, wie du das erreichen kannst. Es ist wie aus einem Berg eine Serie kleiner Hügel zu machen.

Schritt 1: Teile die Aufgaben in kleinere Schritte auf. Beginne damit, die Gesamtaufgabe zu skizzieren und sie dann in kleinere, machbarere Aufgaben zu unterteilen. Angenommen, du musst einen Bericht schreiben. Anstatt dass "Schreibe einen Bericht" über dir schwebt, ändere das zu "Entwurf erstellen", "Einleitung schreiben" und "Quellen recherchieren". Indem du eine Liste mit kleineren Aufgaben erstellst, wirst du dich nicht überfordert fühlen. Außerdem baut jeder kleine Erfolg Schwung für den nächsten auf.

Du hast die Aufgaben in mundgerechte Stücke aufgeteilt, aber wie bleibst du auf jede einzelne fokussiert? Hier kommt **Schritt 2: Verwende die Pomodoro-Technik** für konzentriertes Arbeiten ins Spiel. Diese Technik ist ziemlich einfach – du arbeitest 25 Minuten am Stück und machst dann eine 5-minütige Pause. Dieser Schub konzentrierter Arbeit, gefolgt von einer Pause, hilft dir, hohe Produktivitätsniveaus aufrechtzuerhalten, ohne dich auszubrennen. Ich finde, bevor ich es weiß, sind diese 25 Minuten vergangen, und ich habe deutliche Fortschritte gemacht.

"Aber woran sollte ich während dieser 25 Minuten arbeiten?" magst du dich fragen. Hier kommt **Schritt 3: Priorisiere Aufgaben mithilfe der Eisenhower-Matrix** ins Spiel. Die Eisenhower-Matrix hilft dir herauszufinden, was zuerst erledigt werden muss. Es handelt sich um ein einfaches Kästchen, das in vier Abschnitte unterteilt ist:

- **Dringend und wichtig** (Mach das zuerst, keine Frage)
- **Wichtig, aber nicht dringend** (Plane das für später)

- **Dringend, aber nicht wichtig** (Denke darüber nach, es zu delegieren)
- **Weder dringend noch wichtig** (Warum überhaupt jetzt damit befassen?)

Indem du deine Aufgaben auf diese Weise kategorisierst, hast du einen klaren Spielplan für deine Pomodoros.

"Prokrastination ist der Dieb der Zeit" – in der Tat, und die Planung deiner Arbeit anstatt sie auf die lange Bank zu schieben kann diese verlorene Zeit zurückgewinnen.

Stell dir die Klarheit vor, wenn du auf einen Blick sehen kannst, was wirklich deine Aufmerksamkeit verdient!

Die Kombination dieser Schritte, **Aufgaben aufzuteilen**, konzentrierte Arbeitsphasen und richtige Priorisierung ermöglicht es dir, einen Arbeitsablauf zu erstellen, der Ablenkungen minimiert und die Produktivität maximiert. Der eigentliche Trick liegt in der Kontinuität. Du kannst diese Techniken einmal anwenden und einen großartigen Tag haben, aber wenn du sie konsequent einsetzt, kannst du viele weitere produktive Tage haben.

Um alles noch persönlicher zu gestalten, hast du in letzter Zeit an etwas gearbeitet, das lange überfällig war? Beginne mit "Wichtiger Bericht" in der Hand – die Aufteilung könnte so aussehen:

- In 25 Minuten eine Gliederung erstellen
- In einem weiteren 25-Minuten-Block nach Referenzen suchen
- Den ersten Entwurf im ersten Pomodoro morgen niederschreiben

Kannst du es jetzt klarer erkennen? Ein wenig Mühe beim Aufteilen und Priorisieren deiner Arbeit mit fleißigen, fokussierten Sprinteinheiten hilft dir, viel mehr zu erledigen – Prokrastination hat keine Chance! Halte daran fest, und die Früchte deiner disziplinierten Arbeit werden dir gut dienen.

Umgang mit unrealistischen Erwartungen

Die Festlegung realistischer Erwartungen ist wirklich wichtig. Eine Möglichkeit, dies zu bewältigen, ist die Festlegung von SMART-Zielen. SMART steht für **Spezifisch**, **Messbar**, **Erreichbar**, **Relevant** und **Zeitgebunden**. Es ist ein einfacher Ansatz.

Angenommen, du möchtest besser im Zeitmanagement werden. Anstatt ein vages Versprechen abzugeben, besser zu sein, entscheide dich für etwas wie: "Ich werde täglich 2 Stunden produktiven Aufgaben von 9 bis 11 Uhr für einen Monat widmen." Dieses Ziel ist:

- **Spezifisch**: Es zielt auf einen klaren Bereich des Zeitmanagements zwischen 9 und 11 Uhr ab.
- **Messbar**: Du hast täglich 2 Stunden zur Messung.
- **Erreichbar**: Es ist realistisch angesichts deiner täglichen Routine.
- **Relevant**: Es steht direkt im Einklang mit deinem Wunsch, besser mit der Zeit umzugehen.
- **Zeitgebunden**: Dieses Ziel hat eine Frist von einem Monat.

Das regelmäßige Überprüfen und Anpassen deiner Ziele ist ebenso wesentlich. Bemühungen verlaufen nicht immer wie geplant. Vielleicht stellt sich nach zwei Wochen heraus, dass die Morgenstunden einfach nicht für dich funktionieren. Kein Schaden, sich anzupassen! Wechsle zu einem anderen Zeitrahmen, erlaube dir flexibel und anpassungsfähig an neue Erkenntnisse zu sein. Diese Anpassungen sind notwendig und bedeuten nicht, aufzugeben. Stattdessen signalisieren sie Wachstum und Lernen.

Selbstmitgefühl spielt hier eine entscheidende Rolle. Wenn du ein Ziel verfehlst oder deine Pläne nicht einhalten kannst, sei nicht zu streng mit dir selbst... wir alle sind Menschen und Rückschläge gehören zum Prozess. Zeige dir die gleiche Güte, die du einem Freund in einer ähnlichen Situation entgegenbringen würdest. Diese Denkweise hilft dabei, den mit unrealistischen Erwartungen verbundenen Stress zu reduzieren.

Geduld ist eng mit Selbstmitgefühl verbunden. Erwarte keine sofortigen Ergebnisse. Das Entwickeln neuer Gewohnheiten oder Fähigkeiten ist wie das Pflanzen eines Samens; es braucht Zeit, bis man Früchte sieht. Also, wenn dein Fortschritt langsam erscheint, erinnere dich daran, dass jeder kleine Schritt zu deinem Endziel zählt. **"Geduld ist nicht einfach die Fähigkeit zu warten - es ist, wie wir uns verhalten, während wir warten."** Diese Aussage harmoniert bemerkenswert gut mit dem Erreichen von Zielen.

Sich selbst zu disziplinieren bedeutet nicht, dass du die ganze Zeit perfekt sein musst. Die Erwartung der Perfektion kann den Fortschritt lähmen. Verstehe, dass es völlig in Ordnung ist, gelegentlich vom Plan abzuweichen. Pausen einzulegen oder den Ansatz zu ändern bedeutet nicht, dass das Ziel nicht mehr erreichbar ist. Solange du auf dem richtigen Weg bist, werden die kleinen Umwege die Reise nicht verderben.

Reflektiere über kleine Siege. Hast du es vielleicht einmal oder zweimal in dieser Woche geschafft, deinen Zeitblock von 9 bis 11 Uhr reibungslos zu bewältigen? Feiere diese kleinen Erfolge! Sie repräsentieren Fortschritt. Positive Verstärkung ermutigt zu anhaltenden Anstrengungen.

Wenn der Weg überwältigend wird (und manchmal wird er das), betrachte die Elemente, die zu diesem Gefühl beitragen. Musst du vorübergehend die Messlatte senken oder das Ziel in noch kleinere Teile aufteilen? Veränderungen vorzunehmen ist kein Misserfolg. Es ist ein natürlicher Bestandteil der Verwirklichung eines langfristigen Plans.

Ein praktischer Tipp ist es, am Ende jeder Woche Reflexionen niederzuschreiben. Diese Gewohnheit hilft dir zu verstehen, was funktioniert und was nicht. Es ist eine Möglichkeit, mit dir selbst zu sprechen... dich mit deinen tieferen Gedanken und Emotionen über den Prozess zu verbinden. Übe erneut Ehrlichkeit, akzeptiere aber auch bereitwillig deine Menschlichkeit in den Reflexionen.

Zuletzt sollte das **starke Selbstvertrauen** nicht schwinden, wenn du manchmal scheiterst. Wenn Erwartungen unvorhergesehen die Plätze mit der Realität getauscht haben, skizziere einfach deine SMART-Ziele neu, überprüfe sie regelmäßig, sei freundlich zu dir selbst, lasse Geduld natürlich entstehen, schätze die kleinen Siege und reflektiere kontinuierlich. Wie es oft heißt, liegt der Schatz im Extra-Meilen-Gehen. Erwartungen anzupassen und neu zu ordnen, um dem tatsächlichen Ablauf von Ereignissen gerecht zu werden, ist nicht nur klug, sondern grundlegend.

Umgang mit Unbehagen und Veränderung

Also, du stehst vor **Unbehagen** und **Veränderung** - das ist ziemlich üblich, oder? Die meisten von uns finden es schwierig, aber was wäre, wenn wir Unbehagen nicht als lästig betrachten würden, sondern als **Wachstumschance**? Wenn du aus deiner **Komfortzone** heraus bist, wächst du - betrachte es einfach als Dehnen. Auf die gleiche Weise, wie du deine Muskeln beim Training dehnst, zum Beispiel wenn du Stärke aufbauen willst, dehnst du deine mentalen Grenzen, wenn du mit Unbehagen umgehst.

Schon einmal **Achtsamkeit** ausprobiert? Es ist eine fantastische Möglichkeit, mit diesen unangenehmen Momenten umzugehen. Du hast vielleicht schon einmal von Achtsamkeit gehört - ruhig sitzen, dich auf deinen Atem konzentrieren. Es hilft, glaub mir. Selbst kurze Momente der Achtsamkeit, wie das Beachten deiner

Umgebung oder deines Atems für eine Minute oder zwei, können einen großen Unterschied machen. Wenn du dich überfordert fühlst, verlangsame dich und sei präsent mit deinen Gedanken und Gefühlen. Es löst nicht alles, aber es macht den Moment mehr erträglich.

Das Schaffen einer unterstützenden Umgebung ist ein weiterer wichtiger Teil des Umgangs mit Unbehagen und der Akzeptanz von Veränderungen. Hast du schon einmal bemerkt, wie viel einfacher es wird, wenn die Menschen um dich herum verstehen, was mit dir los ist? **Personen**, die wissen, dass du versuchst, Veränderungen vorzunehmen, können wirklich hilfreich sein. Sie können dich anfeuern, dir Ratschläge geben oder einfach nur zuhören. Du musst vielleicht erklären, was du tust und warum - du würdest überrascht sein, wie oft Menschen gerne helfen, sobald sie verstehen.

"Manchmal sind die Veränderungen, die wir innerlich vornehmen, für alle äußerlich nicht sichtbar - doch genau dort passiert die wahre Magie."

Hier ist also ein praktischer Ansatz, um diese Ideen umzusetzen:

- **Erkenne Unbehagen als Wachstum an**

Immer wenn du dich unwohl fühlst, erinnere dich daran, dass dies ein Zeichen des Wachstums ist. Wachstum ist normalerweise nicht bequem, aber es ist so lohnend. Indem du deine Perspektive änderst, fängst du an, diese schwierigen Momente für das zu schätzen, was sie wirklich sind. Es ist wie das Trainieren eines Muskels, von dem du nicht wusstest, dass du ihn hast.

- **Praktiziere Achtsamkeit**

Mache es zur Gewohnheit, jeden Tag Achtsamkeit zu praktizieren. Finde Momente, einfach zu atmen und präsent zu sein, wie während deiner Morgenroutine (Meditation hilft). Fang klein an, vielleicht ein oder zwei Minuten, dann steigere dich allmählich auf längere

Sitzungen. Es geht darum, sich seiner Gedanken bewusst zu sein, ohne sie zu beurteilen, anstatt sie loswerden zu wollen.

- **Baue dein Unterstützungssystem auf**

Sprich mit deinen Freunden und deiner Familie über deine Ziele und die Veränderungen, die du vornimmst. Bitte um ihre Unterstützung und zögere nicht, zu erklären, was du brauchst. Vielleicht findest du einen Partner für gegenseitige Verantwortlichkeit, der sich bei dir meldet - oder tritt einer Gruppe bei, in der die Menschen ähnliche Ziele haben. Das macht die Reise weniger isoliert und verbundener.

- **Schaffe eine positive Umgebung**

Umgebe dich mit Dingen, die dich auf dem Weg zu deinen Zielen ermutigen. Das könnten inspirierende Zitate an deiner Wand sein, eine Playlist, die dich motiviert, oder sogar eine Neugestaltung deines Raumes, um die Veränderungen widerzuspiegeln, die du vornimmst. Diese kleinen Anpassungen schaffen eine Umgebung, die dich unterstützt, anstatt dich zu behindern.

- **Bleibe konsequent**

Halte daran fest, auch wenn es schwierig wird. Setze dir kleine, erreichbare Ziele. Es könnte so einfach sein wie täglich eine fünfminütige Achtsamkeitssitzung zu machen oder mit zwei Freunden in der Woche über deine neuen Ziele zu sprechen. Konsequenz ist es, was den Schwung aufrecht erhält.

Veränderung und Unbehagen müssen nicht beängstigend sein. Sie sind Teil des Weges, um zu einem besseren Du zu werden. Jeder Schritt, jedes Unbehagen ist ein Zeichen, dass du vorankommst. Ist es nicht beruhigend zu wissen, dass du dabei nicht alleine bist? Du wächst, dehnst dich aus und wirst Stück für Stück stärker.

Die "40%-Regel" zum Überwinden von Grenzen

Es wurde schon oft gesagt, dass wenn dein Körper dir sagt, aufzuhören, du nur bei 40% dessen bist, zu dem du wirklich fähig bist. Klingt verrückt, oder? Aber hier gibt es gute Nachrichten - das bedeutet, dass du viel stärker bist, als du denkst. Wir neigen dazu, viel zu früh auf die Bremse zu treten... glauben, dass wir unsere Grenze erreicht haben, wenn in Wirklichkeit noch viel mehr Kraft im Tank ist. Hier kommt **mentale Stärke** ins Spiel - sie treibt uns über diese wahrgenommenen Grenzen hinaus, drängt uns dazu, tiefer zu graben und weiterzumachen.

Es ist entscheidend zu wissen, dass es hier nicht nur um physische Fähigkeiten geht. Die 40%-Regel gilt auch für unsere alltäglichen Herausforderungen - sei es der langweilige Bericht auf deinem Schreibtisch oder die Konzentration während einer anstrengenden Lernsession. Das Gehirn neigt dazu, kleine "Tricks" anzuwenden, um Energie zu sparen und das Überleben zu sichern... aber du bist nicht in unmittelbarer Gefahr, wenn du auf eine Tabelle starrst! Sobald du verstehst, dass diese frühe Ermüdung eine mentale Illusion ist, kannst du sie überwinden.

Langsamer, inkrementeller Fortschritt ist dein bester Verbündeter dabei. Zu hart, zu schnell zu gehen, ist ein sicheres Mittel, um auszubrennen. Denke stattdessen in kleineren, überschaubaren Schritten:

- **Setze Mini-Ziele**

  Lege kleinere Ziele innerhalb deiner Haupt-Herausforderung fest. Wenn du läufst, anstatt eine 5-Meilen-Strecke zu laufen, strebe nach inkrementellen Kontrollpunkten - wie dem nächsten Laternenpfahl oder den nächsten paar Häuserblocks. Das erfolgreiche Erreichen dieser Mini-Ziele baut Selbstvertrauen auf und macht das größere Ziel weniger überwältigend.

- **Visuelle Hinweise und Bestätigungen**

  Einfache Bestätigungen können wahre Wunder wirken, wenn die mentale Erschöpfung einsetzt. Schnelle Sätze wie "Ich bin bei 40%, nur noch ein bisschen," können deinen Geist davon abhalten, frühzeitig aufzugeben. Verwende Notizen und Erinnerungen in deiner Arbeitsumgebung oder sogar auf deiner Sportkleidung. Visuelle Hinweise erinnern dich an deine wahren Fähigkeiten.

- **Entspannungstechniken**

  Eine Pause zum tiefen Durchatmen, ständiges Sagen "Ich kann das schaffen", während du deine Muskeln entspannst, mag geringfügig erscheinen, aber im Laufe der Zeit stärkt es deinen mentalen Durchhaltewillen. Halte dieses Mantra aufrecht - auch wenn du dich besiegt fühlst.

Hier ist ein Einblick, der helfen könnte:

"An seine Grenzen zu gehen bedeutet nicht, in letzter Minute riesige Sprünge zu machen... es geht darum, einen winzigen Schritt weiter zu gehen, wenn dein Verstand dir sagt, aufzuhören."

Als Nächstes wollen wir einen verbreiteten Mythos über Fortschritt entlarven - er muss nicht dramatisch oder viral sein. **Langsamer, nachhaltiger Fortschritt** ist der Schlüssel. Sicher, du könntest gelegentlich Ausbrüche haben, aber das Ziel, konsequent überzuerfüllt zu sein, bereitet den Boden für echte Erschöpfung. Hier ist, was du stattdessen tun solltest:

- **Habe regelmäßige Kontrollpunkte:** Am Ende jeder Woche evaluierst du, wie weit du gekommen bist. Hast du diese 40%-Grenze auch nur ein kleines bisschen überschritten? Kleine Fortschritte zählen!

- **Höre auf deinen Körper - aber nicht zu sehr.** Klingt widersprüchlich, oder? Achte darauf, aber reflektiere objektiv - ist das echte Erschöpfung oder spielt hier nur die 40%-Regel eine Rolle?
- **Feiere Mikroerfolge.** Ohne übertrieben zu werden, erkenne selbst die winzigsten Erfolge an. Positive Verstärkung geht weit darin, dein Gehirn dazu zu bringen, dir weiter zu vertrauen.

Der Weg, diese Regel zu meistern, ist eine Mischung aus Grenzen überschreiten und sich selbst gegenüber sanft sein. Das Ziel ist nicht, alles auf einmal zu erobern, sondern durch das Strecken dieser Grenzen Stück für Stück einen stetigen Fortschritt zu machen... Wisse, dass du mit jedem kleinen Schritt, den du gehst, stärker und fähiger wirst. Ist das nicht ein tröstlicher und ermächtigender Gedanke?

Lass uns praktisch werden!

Alles klar, Leser! Ihr seid durch das wunderbare Buch "Die Kraft der positiven Selbstdisziplin" geschlittert, und hier sind wir im Kapitel 6, bereit, die Ärmel hochzukrempeln und häufige Fallstricke anzugehen. Wir werden alles anwenden, was wir über Prokrastination, Überwindung von Unbehagen, Umgang mit unrealistischen Erwartungen und die Anwendung der "40%-Regel" für den zusätzlichen Schub gelernt haben. Also lasst uns das angehen!

Schritt 1: Verstehen und Anwenden des Parkinson-Gesetzes

Bei diesem Schritt geht es darum, das Parkinson-Gesetz für sich arbeiten zu lassen. Die Idee ist einfach: Die Arbeit dehnt sich aus, um die verfügbare Zeit für ihre Fertigstellung zu füllen. Also ja, diese Frist, die du hast? Mach sie näher.

Was zu tun ist: Gib dir selbst eine knappere, dringendere Frist für eine Aufgabe, die du vor dir herschiebst. Wenn du zum Beispiel in einer Woche einen Bericht abgeben musst, sag dir, dass er in drei Tagen fällig ist.

Beispiel: Wenn du normalerweise das ganze Wochenende brauchst, um dein Zuhause zu putzen, stell einen Wecker und versuche, es in zwei Stunden erledigt zu haben. Du wirst überrascht sein, wie viel schneller es geht, wenn die Zeit läuft!

Schritt 2: Erwartungen managen

Erwartungen können eine massive Herausforderung sein – und meistens nicht auf gute Weise. Unrealistische Erwartungen darüber, was du tun kannst, werden dich nur herunterziehen.

Was du denken/sagen solltest: Überprüfe deine Ziele – sind sie für den Zeitrahmen realistisch? Frage dich: "Kann ich dies wirklich mit meinen aktuellen Ressourcen erreichen?" Passe bei Bedarf an.

Beispiel: Statt zu erwarten, in einem Monat zum Experten für Französisch zu werden, setze dir das realistische Ziel, in drei Monaten grundlegende Konversationsphrasen zu lernen. Du wirst mehr erreichen und dich besser fühlen!

Schritt 3: Gegen das falsche Hoffnungssyndrom kämpfen

Das falsche Hoffnungssyndrom tritt auf, wenn die Erwartungen viel zu hoch sind – wir sprechen von der Art von Erwartungen, die dich auf Enttäuschungen vorbereiten.

Was du denken solltest: Erinnere dich daran, dass dauerhafte Veränderungen Zeit brauchen. Vermeide flüchtige Gedanken wie "Ich werde in einem Monat 30 Pfund abnehmen!" (Deine Waage und dein Verstand werden dir danken.)

Beispiel: Wenn dein Ziel ist, fit zu werden, fange mit erreichbaren Zielen an, wie drei Mal pro Woche ins Fitnessstudio zu gehen, anstatt jeden Tag zu gehen. Kleine, stetige Schritte bauen sich im Laufe der Zeit auf.

Schritt 4: Strategien zur Bekämpfung von Prokrastination

Dies könnte das unangenehme Thema für viele von uns sein. Aufgaben direkt anzugehen, wenn wir wirklich keine Lust dazu haben, ist eine Fähigkeit, die geschärft werden muss.

Was zu tun ist: Teile Aufgaben in handliche Stücke auf und gehe sie einzeln an.

Beispiel: Wenn du einen Aufsatz schreiben musst, denke nicht an den ganzen Aufsatz. Sage dir einfach: "Ich werde jetzt die Einleitung schreiben." Sobald du ins Rollen kommst, kann der Rest weniger entmutigend erscheinen.

Schritt 5: Umgang mit Unbehagen und Veränderung

Veränderung ist nie einfach, und geben wir es zu, Unbehagen ist... nun ja, unangenehm. Aber Wachstum passiert außerhalb der Komfortzone.

Was zu tun ist: Führe Veränderungen allmählich ein und gehe auf dieses Unbehagen zu, anstatt vor ihm wegzulaufen.

Beispiel: Wenn du auf einen gesünderen Lebensstil abzielst, wirf nicht am ersten Tag alle Snacks weg. Fang stattdessen damit an, einen zuckerhaltigen Snack durch ein Stück Obst zu ersetzen und arbeite dich von dort aus weiter hoch.

Schritt 6: Anwendung der "40%-Regel"

Die "40%-Regel" besagt im Grunde, dass du, wenn du denkst, du hast deine Grenze erreicht, tatsächlich erst 40% deiner wahren Fähigkeit erreicht hast.

Was zu tun ist: Wenn du das Gefühl hast, bei einer Aufgabe aufgeben zu wollen, sage dir, dass du noch ein bisschen mehr schaffen kannst. Denke an vergangene Herausforderungen, bei denen du durchgehalten hast und dich selbst überrascht hast.

Beispiel: Wenn du läufst und das Gefühl hast, nicht mehr weiterlaufen zu können, zwinge dich dazu, noch zwei Minuten weiterzulaufen. Oft wirst du feststellen, dass du über das hinausgehen kannst, was du ursprünglich für möglich gehalten hast.

Und da haben wir es – ein praktischer, packen-wir-es-an Ansatz, um die Lektionen aus Kapitel 6 in dein Leben zu integrieren. Stück für Stück kannst du mit der richtigen Einstellung und Techniken häufige Fallstricke überwinden. Probier einfach diese Schritte aus und sei dabei vor allem freundlich zu dir selbst auf dem Weg!

Teil 3: Positive Disziplin praktizieren

Kapitel 7: Beherrschung des Zeitmanagements

"Zeit ist das, was wir am meisten wollen, aber was wir am schlechtesten nutzen."

-- Also, lass uns über **Zeitmanagement** sprechen. Findest du dich am Ende des Tages oft in Eile und fragst dich, wo all die Stunden geblieben sind? Wir haben alle endlos viele Aufgaben, stapeln sie nicht? Dieses Kapitel ist dein Rettungsanker, um die Kontrolle über deinen Zeitplan zurückzugewinnen.

Wir werden Techniken behandeln, die verändern, wie du deine Zeit siehst und nutzt. Die **Pomodoro-Technik** verspricht konzentrierte Arbeitsblöcke, während **Time Blocking** dir hilft, die Produktivität zu maximieren. Die **Eisenhower-Matrix**? Eine Meisterklasse in Priorisierung. Die **Zwei-Minuten-Regel** – ein schneller Weg, um kleine Aufgaben zu erledigen – sowie **"Deep Work"** für Momente, in denen Effizienz nicht verhandelbar ist.

Hast du dich jemals überwältigt und unter einem Berg von Aufgaben begraben gefühlt? Du bist nicht allein. Wir werden Strategien erkunden, die Stress direkt angehen und die **Effizienz steigern**. Stell dir vor, mehr zu erreichen, ohne die Arbeitsstunden zu verlängern. Dies zu erreichen ist keine Raketenwissenschaft, sondern einfach clevere Strategien, die du in deinen Lebensstil integrieren kannst.

Das Lesen dieses Kapitels stattet dich mit greifbaren Werkzeugen aus – am Ende wirst du dich fragen, wie du jemals ohne sie ausgekommen bist. Verabschiede dich vom Chaos und begrüße eine

Welt, in der die Zeit dein Verbündeter ist. Bereit für eine Veränderung? Fang jetzt an... und lass uns beginnen!

Pomodoro-Technik für konzentriertes Arbeiten

Stell dir vor, du richtest kurze, überschaubare Zeitblöcke ein, um deine Aufgaben zu erledigen. Das ist das Herzstück der Pomodoro-Technik: Arbeiten in **25-minütigen Intervallen** mit **5-minütigen Pausen**, um deinem Gehirn regelmäßig eine Erfrischung zu ermöglichen. Oft kämpfen wir mit Multitasking und überlasten uns. Aber was wäre, wenn wir aus dem konzentrierten Arbeiten ein angenehmes Spiel machen könnten?

Schritt: Hol dir einen Timer

Du brauchst einen Timer. Es könnte eine einfache Küchenuhr oder eine App auf deinem Telefon sein. Dieser Schritt ist entscheidend. Du brauchst eine greifbare Möglichkeit, um deine 25-minütigen Fokuszeiten zu verfolgen. Wenn der Timer startet, bist du bereit, dich in deine Aufgabe zu vertiefen.

Schritt: Stelle den 25-Minuten-Timer ein

Nimm dir eine spezifische Aufgabe vor und stelle deinen Timer auf 25 Minuten ein. Warum nicht den Bericht auf deinem Schreibtisch angehen oder deine E-Mails organisieren? Während dieser 25 Minuten ist es nicht nur ideal, sich auf die Arbeit zu konzentrieren, sondern notwendig. Lasse keine Ablenkungen zu und konzentriere dich wie ein Laserstrahl.

Schritt: Arbeite bis der Timer klingelt

Während du arbeitest, wirst du vielleicht feststellen, dass es gar nicht so schwer ist, dranzubleiben. Immerhin widmest du dich einer soliden, ununterbrochenen Zeit. Eine unerwartete E-Mail oder ein klingelndes Telefon werden deinen Fluss nicht ruinieren. Es ist irgendwie unglaublich, wie viel du schaffen kannst, wenn nichts deinen Rhythmus unterbricht!

Schritt: Mach eine 5-minütige Pause

Hier kommt der kleine Urlaub, den du deinem Gehirn versprochen hast! Stehe auf, strecke dich, trinke etwas Wasser oder schaue sogar aus dem Fenster. Du hast dir diese Auszeit verdient, du musst dich nicht schuldig fühlen. Ziel ist es, deinem Geist etwas Luft zu verschaffen.

Schritt: Wiederhole die Schritte 1-4

Auf Kurs zu bleiben bedeutet, mehrere Pomodoros hintereinander zu machen. Nach vier Durchgängen möchtest du jedoch eine längere Pause machen – etwa 15-30 Minuten. Es ist belohnend zu wissen, dass regelmäßige "Neustarts" helfen, deine Energie über den Tag aufrechtzuerhalten.

"Diese Struktur verbessert nicht nur die Konzentration, sondern reduziert auch die Symptome von Burnout."

Engagement zählt. Sich in diesen Zyklus zu vertiefen ermöglicht es dir, hohe Produktivitätsniveaus aufrechtzuerhalten. Außerdem dient die tickende Uhr als großartige Erinnerung, um kontinuierliche Anstrengungen zu unternehmen, um deine Arbeit zu erledigen, wissend, dass eine Pause immer in der Nähe ist.

Überführung in die Praxis

Was passiert, wenn ich aus irgendeinem Grund einen Pomodoro verpasse? Ganz einfach; passe dich an und mach weiter... Mach dir keine Sorgen darüber, x Minuten zu verpassen - stelle einfach deinen Timer auf frische 25 Minuten ein und starte neu. Das Leben steckt voller kleiner Stolpersteine, und es geht mehr um Konstanz als um strikte Regeln.

Überall anwendbar

Von Schulaufgaben bis hin zu Arbeitsaufgaben kann die Umsetzung dessen das Denken verändern. Ist diese Mathe-Hausaufgabe nicht weniger abschreckend, wenn sie in machbare Teile unterteilt wird? Ebenso scheint die Arbeit an dem Artikel weniger einschüchternd, wenn Pausen sicherstellen, dass du nicht zu lange ununterbrochen auf den Bildschirm starrst.

Warum Pomodoro Burnout vorbeugt

Indem du die Arbeit in kurze Perioden aufteilst, schaffst du klare Grenzen und reduzierst geistige Erschöpfung. Du durchbrichst nicht endlose Stunden von Aufgaben, die dich total erschöpft zurücklassen, wenn der Abend kommt. Beständigkeit macht Spaß, wenn sie mit Schüben belohnter Anstrengungen verbunden ist.

Es ist unglaublich motivierend – jeder Timer, ein kleines Versprechen von etwas Erledigtem und etwas, das du dir zurückgibst: eine schnelle Beinstreckung oder einen aufgeräumten Raum, zu dem du zurückkehren kannst. Vielleicht ist es eine Gewohnheit, die es sich lohnt zu pflegen... unter den verrückten Zeitplänen des Lebens versprechen diese praktischen Tipps konzentrierten Fokus und gesteigerte Motivation.

Probiere es aus. Gib ihm ein paar Tage; schau, ob diese Methode zu deinem verlässlichen Ansatz wird, um die täglichen Herausforderungen zu meistern. Oft geht es darum, kleine Strategien zu finden, die nahtlos in deinen Alltag passen und im Laufe der Zeit einen spürbaren Unterschied machen. Konzentriere dich und belohne dich auf dem Weg!

Zeitblockierung zur Maximierung der Produktivität

Das Zuweisen spezifischer Zeitfenster für Aufgaben ist transformierend - ich meine, es bringt wirklich Dinge ins Rollen. Es geht darum, Grenzen in Ihrem Zeitplan zu setzen, sicherzustellen, dass jede Aufgabe oder Aktivität eine definierte Start- und Endzeit hat. Stellen Sie sich vor, Sie haben eine bevorstehende Arbeitspräsentation. Sie könnten 9-11 Uhr für Recherche, 11-13 Uhr für das Entwerfen und 14-16 Uhr für das Fertigstellen der Folien zuweisen. Im Wesentlichen schaffen Sie sich dedizierte Zeit, um sich jeweils auf eine Aufgabe zu konzentrieren. Hält Ihren Geist auf Kurs, wissen Sie?

Das Leben kann ein Wirbelwind sein... Benachrichtigungen von sozialen Medien, E-Mails, selbst diese sehr verlockenden Snackpausen können Ihren Fluss unterbrechen. Deshalb ist es so hilfreich, Pausen systematisch zu planen. Wenn Sie eine 10-minütige Pause pro Stunde planen, haben Sie etwas, auf das Sie sich freuen können, während Sie Ablenkungen fernhalten. Wenn diese festgelegten Pausen Teil Ihrer Routine werden, können Sie selbst Twitter und Facebook nicht von Ihrem Kurs abbringen. Außerdem erhält Ihr Gehirn Mini-Reset, was es einfacher macht, produktiv zu bleiben.

Und lassen Sie uns über Balance sprechen. Stundenlang an Ihrem Schreibtisch zu sitzen ist weder gesund noch spaßig. Es ist entscheidend, Arbeit und persönliche Zeit auszubalancieren, damit Ihr Geist nicht übermäßig beansprucht wird. Wenn Sie 13-15 Uhr für intensive Arbeit blockieren, zögern Sie nicht, Zeit für einen Spaziergang oder ein Hobby von 15-16 Uhr einzuplanen. Das ist kein Faulenzen; das stellt sicher, dass Sie sowohl beruflich als auch persönlich in Bestform sind. Unterschätzen Sie nie, wie eine Pause tatsächlich Ihre mentalen Schaltkreise "aufladen" kann.

Okay, weiter zu einem praktischen Szenario. Angenommen, Sie sind Ingenieur. Sie arbeiten an einem großen Projekt mit mehreren Facetten - Analyse, Programmierung, Testen. So können Sie Ihre Woche organisieren:

- **Morgenblock:** Analyse und Planung, ungestört. Diese Zeit gehört Ihnen - keine Meetings, keine Anrufe.
- **Später Vormittag:** Fortschritt mit Teammitgliedern überprüfen, Feedback erhalten. Kollaborationszeit.
- **Nachmittagsblock:** Konzentrierte Codierzeit. Tiefenarbeit ohne Ablenkungen.
- **Später Nachmittag:** Lockerer Abschluss, kleine Aufgaben oder Entspannung.

Prioritäten festlegen

Zuerst, was benötigt heute wirklich Ihre Aufmerksamkeit? Schreiben Sie es auf. Aufgaben mit Fristen sollten als Prioritäten der obersten Ebene vermerkt werden - diese haben natürlich Vorrang. „Was muss ich bis zum Ende des Tages erreichen?"

Zeitblöcke zuweisen

Basierend auf diesen Prioritäten setzen Sie dedizierte Zeitfenster. Wenn das Verfassen eines Berichts 2 Stunden dauern soll, dann setzen Sie es in Ihren Kalender von, sagen wir, 10 bis 12 Uhr. Verwenden Sie einen physischen Planer, wenn Sie dieses haptische Gefühl mögen, oder eine App, die es Ihnen ermöglicht, Zeit in Ihrem digitalen Kalender zu blockieren.

Pausen einplanen

Überspringen Sie diesen Abschnitt nicht. Verwenden Sie Pausen als Meilensteine in Ihrem Tag. Diese können 5-minütige Pausen pro Stunde oder eine längere Mittagspause sein. Vertrauen Sie mir, das macht einen großen Unterschied.

Balance und Flexibilität

Dinge verlaufen möglicherweise nicht immer wie geplant... und das ist in Ordnung. Lassen Sie Spielraum mit Pufferzeiten zwischen den Hauptaufgaben. Wenn sich etwas verzögert, sind Sie nicht sofort im Rückstand.

Produktivität färbt wirklich ein besseres Leben für uns alle. Es geht nicht immer nur darum, Aufgaben zu erledigen, **es geht auch darum, sich erfüllt zu fühlen, wenn die Arbeit erledigt ist.**

„Ihre Zeit ist wie Wasser - sie wird die Form des Behälters annehmen, in den Sie sie gießen."

Setzen Sie diese Prinzipien um, und Sie werden es lieben, Aufgaben abgehakt zu sehen, ohne sich ausgebrannt zu fühlen, *und* Sie verdienen sich wohlverdiente persönliche Zeit. Kleine Anpassungen, große Ergebnisse - das ist Zeitblockierung für Sie!

Eisenhower-Matrix zur Priorisierung

Das Verständnis, wie man priorisiert, kann verändern, wie wir unsere Zeit managen. Die **Eisenhower-Matrix**, benannt nach Präsident Eisenhower, ist ein großartiges Werkzeug dafür. Sie teilt Aufgaben in vier Quadranten ein:

- Dringend und Wichtig
- Nicht dringend, aber wichtig
- Dringend, aber nicht wichtig
- Weder dringend noch wichtig

Lassen Sie uns damit beginnen, sich zunächst auf hochprioritäre Aufgaben zu konzentrieren. Diese gehören eindeutig in den Quadranten **Dringend und Wichtig**. Dies sind die Aufgaben, die sofortige Aufmerksamkeit erfordern, weil sie direkt Ihre Ziele oder Ihr Wohlbefinden beeinflussen. Zum Beispiel die Vorbereitung auf eine wichtige Präsentation auf der Arbeit für morgen oder das rechtzeitige Einnehmen von Medikamenten. Diese sollten ganz oben auf Ihrer Liste stehen - sie retten Sie vor last-minute Panik.

Als nächstes haben wir die Aufgaben, die **Nicht dringend, aber wichtig** sind - Dinge wie die Planung für die Zukunft, regelmäßiges Training oder das Aufrechterhalten eines Hobbys. Diese Aufgaben verlangen nicht jetzt nach Aufmerksamkeit, sind aber entscheidend für langfristigen Erfolg und Glück. Leider werden sie aufgrund ihrer Nicht-Dringlichkeit oft vernachlässigt. Um sie anzugehen, legen Sie bestimmte Zeitfenster fest. Wenn Sie bis Ende des Monats einen Bericht schreiben müssen, planen Sie täglich Zeit dafür ein - warten Sie nicht bis zur Nacht vor dem Abgabetermin.

Als nächstes haben wir **Dringende, aber nicht wichtige** Aufgaben. Dies sind Zeitfresser, die Ihrem Leben möglicherweise nicht viel Wert hinzufügen. Denken Sie an unerwartete, aber geringfügige E-Mails, Nachrichten oder kleine Anfragen von Kollegen. Eine gute Strategie hier? Delegieren Sie diese Aufgaben, wenn möglich. Wenn jemand anders Ihnen hilft, haben Sie mehr Zeit für wichtigere Angelegenheiten.

Schließlich sind **Nicht dringende und nicht wichtige** Aufgaben die "Junk"-Aufgaben - seien wir ehrlich, das Binge-Watching von Shows fällt wahrscheinlich hierunter. Sie bringen keine Freude oder helfen Ihrem Fortschritt. Seien Sie gnadenlos... eliminieren Sie diese einfach oder reduzieren Sie sie erheblich. Anstatt sich in endloses Scrollen durch soziale Medien zu stürzen, verbringen Sie ein paar zusätzliche Minuten mit etwas, das Ihnen Freude bereitet und sinnvoller ist.

Hier ist ein in Schritte unterteilter Plan:

Schritt 1: Listen Sie alle Aufgaben auf.

Schreiben Sie alles auf, was Sie erledigen müssen. Machen Sie sich noch keine Gedanken über die Kategorisierung - dies ist nur ein Gedankensturm.

Schritt 2: Sortieren Sie sie in Quadranten ein.

Verwenden Sie die vier Kategorien der Eisenhower-Matrix. Dieser Teil kann etwas Zeit in Anspruch nehmen. Aufgaben wie Rechnungen bezahlen oder Aufgaben abschließen gehören in Dringend und Wichtig. Das Erlernen einer neuen Fähigkeit oder die Entwicklung eines Trainingsplans passt in Nicht dringend, aber wichtig. Jemand, der sofortige Hilfe bei einer nicht kritischen Aufgabe benötigt, könnte in Dringend, aber nicht wichtig fallen. Das Durchstöbern von Online-Verkäufen könnte schließlich in Nicht dringend und nicht wichtig sein.

Schritt 3: Konzentrieren Sie sich auf hochprioritäre Aufgaben.

Bewegen Sie die Aufgaben aus dem Quadranten Dringend und Wichtig durch einen klaren Plan. Planen Sie diese fest in Ihren Zeitplan ein.

Schritt 4: Planen Sie wichtige, aber nicht dringende Aktivitäten ein.

Geben Sie diesen feste Zeiten in Ihrem Kalender. Zeit für diese Aktivitäten einzuplanen, verhindert, dass sie zu Notfällen werden.

Schritt 5: Delegieren oder minimieren Sie Aufgaben mit niedriger Priorität.

Für alles im Quadranten Dringend, aber nicht wichtig, sehen Sie, ob Sie sie an jemand anderen abgeben können. Automatisieren Sie Prozesse, wenn möglich - machen Sie sich weniger Sorgen darum.

Schritt 6: Beseitigen Sie Ablenkungen.

Seien Sie konsequent mit dem, was im Quadranten Nicht dringend und nicht wichtig ist. Eliminieren Sie diese an manchen Tagen vollständig oder reduzieren Sie sie deutlich. Überlegen Sie, wie Sie diese freien Minuten verbringen.

Die Balance der Aufgaben mag schwierig erscheinen, aber die Verwendung der **Eisenhower-Matrix** kann Ihr Zeitmanagement umkrempeln. Setzen Sie Prioritäten, kontrollieren Sie Ihren Zeitplan und erreichen Sie Ihre Ziele mit weniger Schwierigkeiten.

"Was wichtig ist, ist selten dringend, und was dringend ist, ist selten wichtig."

Das ist es - die Essenz, die Kontrolle über Ihre Zeit und Aufgaben zu behalten, ohne das Gefühl zu haben, darin zu ertrinken. **Priorisieren Sie stets sorgfältig und lassen Sie sich von Ablenkungen los.**

Die Zwei-Minuten-Regel zur Bewältigung kleiner Aufgaben

Wenn es eine Sache gibt, die einen riesigen Unterschied im täglichen Leben macht, dann ist es das Verständnis, dass kleine Aufgaben sofort erledigt werden sollten, wenn sie weniger als zwei Minuten dauern. Es ist einfach, aber kraftvoll. Oftmals erfordern diese kleinen Aufgaben – Dinge wie das Beantworten einer E-Mail, das Buchen eines Zahnarzttermins oder das Wegräumen Ihrer Schuhe – nicht viel Zeit einzeln. Aber mal ehrlich, sie häufen sich schnell an. Bevor du es merkst, ist die Liste, die du abarbeitest, ein wenig zu einschüchternd geworden.

Indem du diese Zwei-Minuten-Regel annimmst, kannst du das Aufschieben dieser kleineren Aufgaben reduzieren. Denk darüber nach: Sich einer Liste gegenüberzustellen, die ständig diese leicht zu erledigenden Punkte beinhaltet, kann unglaublich überwältigend sein. Es ist schwer herauszufinden, wo man überhaupt anfangen soll. Aber wenn du Aufgaben sofort erledigst, sobald du auf sie stößt (sofern sie in das Zwei-Minuten-Fenster passen), wirst du effizienter und fühlst dich weniger von ihnen belastet.

Siehst du, wenn du entscheidest, dass alles unter zwei Minuten sofort erledigt wird, wirst du eine massive Reduzierung deiner Gesamtarbeitslast feststellen. Du hast weniger Aufgaben, die an deinem Hinterkopf zerren. Natürlich kannst du, wenn du mental weniger beschäftigt bist, dich besser auf komplexere Aufgaben konzentrieren, ohne dich belastet zu fühlen.

Diese E-Mail in deinem Posteingang, die um eine schnelle Bestätigung bittet? Gib ihr drei Sekunden, lies sie und bestätige. Wirf den Müll raus, wenn du am Mülleimer vorbeigehst... nur ein paar Sekunden deines Lebens. Dein Ziel ist es, **deine Aufgabenliste überschaubar zu halten**. Niemand möchte eine meilenlange To-Do-Liste voller Punkte, die Stunden, wenn nicht Tage zuvor problemlos abgehakt hätten werden können. Lass diese einfachen Aufgaben so mühelos wie möglich aus deinem Weg verschwinden.

Ich gestehe, es gab Tage, an denen ich es aufgeschoben habe, sogar für eine Pizzabestellung – eine Pizzeria in der Kurzwahltaste, erinnerst du dich? – weil es zu anstrengend schien. Aber mit der Zwei-Minuten-Regel muss das nicht passieren. Wähle die Nummer, gib die Bestellung auf, leg auf. Und da ist es, erledigt, bevor du es überhaupt realisierst. Auf Wiedersehen, kleine Aufgabe. Wir sehen uns nie wieder!

Sei hier praktisch, **Identifiziere** deine weniger als zwei Minuten dauernden Aufgaben, sobald sie auftauchen. Notiere diejenigen, die du immer wieder bemerkst, die fast keine Zeit in Anspruch nehmen. **Tu es jetzt!** Lass es nicht für später. **Überprüfe.** Reflektiere regelmäßig, ob weitere Aufgaben zu dieser Zwei-Minuten-Spalte hinzugefügt werden müssen. Im Laufe der Zeit erfordert diese Praxis kein Nachdenken – sie wird automatisch, zur zweiten Natur.

Hier ist ein Zitat, das die Handlung über das Nachdenken wunderbar betont:

"Der einzige Weg, um Sinn aus Veränderung zu machen, ist in sie einzutauchen, mit ihr zu gehen und in den Tanz einzusteigen."

Der Tanz findet im Entbindungssaal statt! Sei mutig dabei, erledige diese kurzen Aufgaben sofort und regelmäßig... Jede erfolgreich abgeschlossene Aufgabe hält deine Arbeitslast gering. Deine Aufgabenliste wird ordentlicher und dein Geist friedlicher.

Einfache, umsetzbare Strategien, die regelmäßig praktiziert werden, machen den Unterschied. Du legst die Routine fest, die Regel erledigt die Arbeit. Du fühlst dich letztendlich gestärkt und in größerer Kontrolle.

Aufgaben, so klein wie zwei Minuten erscheinen mögen, sind wichtig. Erledige sie sofort, halte dich fern von geistigem Durcheinander und genieße deine Freiheit, dich mit ansprechenderen Aspekten des Lebens zu befassen. Bleib dran und bemerke die Veränderung.

Tiefe Arbeit für maximale Effizienz

Tiefe Arbeit ist die Geheimzutat, wenn du Dinge erledigen möchtest, ohne Ärger zu haben. Du musst unterbrechungsfreie Zeit für konzentrierte Arbeit reservieren, in der du dich auf eine Aufgabe konzentrieren kannst, ohne dass tausend Dinge um deine Aufmerksamkeit buhlen. Stell es dir vor wie das Schaffen einer ruhigen Blase in deinem Tag, eine Zeit, in der es nur du und dein Projekt gibt.

Beginne damit, einen Raum zu schaffen, der frei von Ablenkungen ist. Schalte Benachrichtigungen auf deinem Telefon aus, schließe alle unnötigen Browser-Tabs und lass alle um dich herum wissen, dass du im "tiefen Arbeitsmodus" bist. Auf diese Weise wirst du nicht durch Benachrichtigungen oder Social-Media-Scrolls abgelenkt. Du musst diese Zeit schützen, als wäre sie genauso wichtig wie ein Meeting mit deinem Chef—denn wirklich, das ist sie irgendwie.

Es ist auch entscheidend, diese Phasen tiefer Arbeit in deine tägliche Routine einzuplanen. Du willst das nicht dem Zufall überlassen oder "irgendwann erledigen", weil dann... es wahrscheinlich nicht passieren wird. Trage es in deinen Kalender ein. Vielleicht ist es eine Stunde am Morgen, wenn dein Geist frisch ist, oder eine Stunde nach dem Mittagessen, wenn du eine Pause von Meetings brauchst. Der Schlüssel hier ist, proaktiv zu sein. Du musst deinen Zeitplan im Griff haben, nicht umgekehrt.

- **Definiere die Zeit**

  Wähle jeden Tag einen bestimmten Zeitblock für tiefe Arbeit. Ob es 9-11 Uhr oder 14-16 Uhr ist, Kontinuität hilft.

- **Bereite deine Umgebung vor**

  Beseitige Ablenkungen. Das bedeutet alles, angefangen bei der Tür, die du abschließt, bis hin zum Einschalten des "Nicht stören"-Modus auf deinem Telefon.

- **Sei absichtlich mit deiner Zeit**

  Nutze diese Zeit für deine wichtigsten Aufgaben— diejenigen, die deine volle Gehirnleistung erfordern. Ob du an einer großen Präsentation arbeitest, einen Bericht schreibst oder für ein zukünftiges Projekt strategierst, das ist der Zeitpunkt, um es anzugehen.

- **Kommuniziere es**

  Lass deine Kollegen oder Familie wissen, dass du während dieser Zeit nicht gestört werden darfst. Hänge ein Schild auf oder sende eine schnelle Nachricht.

Lass uns jetzt über Produktivität sprechen... Wenn du Ablenkungen ausschaltest, erledigst du nicht nur Aufgaben schneller, sondern produzierst auch qualitativ hochwertigere Arbeit. Es ist wie das Umlegen eines Schalters vom Autopiloten in den Superpiloten.

"Was wirklich wichtig ist, ist selten dringend, und was dringend ist, ist selten wichtig."

Diese Denkweise wird dir helfen, während deiner Phasen tiefer Arbeit Prioritäten zu setzen. Es ist einfach, im Reaktionsmodus stecken zu bleiben, und sich mit den Feuern zu beschäftigen, die an diesem Tag auftauchen. Aber tiefe Arbeit hilft dir dabei, an großen Zielen voranzukommen—denjenigen, die den Unterschied machen.

Ein großer Vorteil, den ich festgestellt habe, ist, dass der Fortschritt, den du machst, dich tatsächlich *motivieren* kann. Du siehst Ergebnisse—nicht nur Beschäftigung. Du erstellst Entwürfe, schließt Berichte ab und erstellst überzeugende Präsentationen. Es ist greifbarer Fortschritt.

Ein schnelles Beispiel: Wenn du eine bevorstehende Präsentation hast, nutze deine Zeit für tiefe Arbeit, um zu recherchieren, zu gliedern und Folien zu erstellen, ohne Unterbrechungen. Schalte E-Mails aus, deaktiviere vorübergehend deine Social-Media-Konten und lass deine Kollegen wissen, dass du für eine Weile offline sein wirst. Du wirst vielleicht überrascht sein, wie viel du in zwei Stunden konzentrierter Arbeit im Vergleich zu einem ganzen Tag voller Ablenkungen schaffst.

Indem du diese Zeit ausschließlich dir selbst zuweist, gibst du dir die Macht zurück—deine Ziele, deine Vision. Es ist so viel wertvoller, als die Leute denken. Also setze diese Grenzen, reserviere diese Zeit und wirklich... vertiefe dich darin. Es geht darum, tiefe Arbeit zu einem nicht verhandelbaren Teil deiner Routine zu machen. Es ist der Vorteil, den du brauchst, um deine Ziele zu erreichen, ohne ins Schwitzen zu geraten.

Lass uns praktisch werden!

Also, schnall dich an, denn wir tauchen direkt in eine praktische Übung ein, die alle Konzepte aus Kapitel 7 zum Leben erwecken wird! Mit diesen Werkzeugen ausgestattet wirst du deine Zeit wie nie zuvor managen. Bereit?

Schritt 1: Identifiziere deine Aufgaben

Nimm ein Blatt Papier oder öffne deine Lieblings-Notiz-App und schreibe alles auf, was du erledigen musst. Lass selbst die kleinsten Aufgaben nicht aus.

Zum Beispiel:

- Beende die Präsentation für das morgige Meeting.
- Beantworte ausstehende E-Mails.
- Recherchiere für das neue Projekt.
- Ruf deinen Freund an, um ihm zum Geburtstag zu gratulieren.
- Organisiere den chaotischen Schreibtisch.
- Behebe kleine Fehler im Projekt.

Dieser Schritt hilft dir, ein klares Bild davon zu bekommen, womit du es zu tun hast.

Schritt 2: Priorisiere mit der Eisenhower-Matrix

Auf einem neuen Blatt Papier (oder einer neuen Seite in deiner App) zeichne ein großes Kreuz, um es in vier Quadranten zu teilen. Benenne sie:

- Dringend und Wichtig
- Nicht dringend, aber wichtig
- Dringend, aber nicht wichtig
- Nicht dringend und nicht wichtig

Sortiere dann deine Aufgaben in diese Quadranten ein. Und sei ehrlich zu dir selbst!

Zum Beispiel:

- **Dringend & Wichtig:** Präsentation beenden, E-Mail von deinem Chef beantworten.
- **Nicht dringend, aber wichtig:** Recherche für das neue Projekt.
- **Dringend, aber nicht wichtig:** Freund anrufen.
- **Nicht dringend und nicht wichtig:** Chaotischen Schreibtisch organisieren.

Das hilft deinem Gehirn, Prioritäten auf das zu setzen, was wirklich wichtig ist.

Schritt 3: Zerlege es mit Zeitblöcken

Schau dir nun deine dringenden und wichtigen Aufgaben an. Teile deinen Tag (oder den Zeitraum, den du hast) in Abschnitte ein, in denen du dich auf jede Hauptaufgabe konzentrierst.

Zum Beispiel:

- 9:00-10:00 Uhr: Präsentation beenden.
- 10:00-10:30 Uhr: Pause / Kaffee.
- 10:30-11:30 Uhr: Alle dringenden E-Mails beantworten.

- 11:30-13:30 Uhr: Konzentrierte Arbeit – Recherche für das neue Projekt.

Ich meine, denk mal drüber nach! Du wirst genau wissen, wohin du deine Energie lenken musst, ohne dich überfordert zu fühlen.

Schritt 4: Nutze die Pomodoro-Technik

Hier wird es lustig! Zerlege für deine wichtigen Aufgaben die Zeit in kleinere, überschaubare Abschnitte mit der Pomodoro-Technik. Stelle einen Timer auf **25 Minuten** (einen Pomodoro), arbeite an einer Aufgabe und mach dann eine 5-minütige Pause. Wiederhole das 4 Mal und mache dann eine längere Pause von 15-30 Minuten.

Beispiel:

Wenn du von 11:30 bis 13:30 Uhr für das neue Projekt recherchierst, stelle deinen Timer auf 25 Minuten konzentrierte Arbeit ein, dann mach eine 5-minütige Pause (iss einen Snack, strecke dich oder schau aus dem Fenster). Das hält dich frisch und konzentriert!

Schritt 5: Wende die Zwei-Minuten-Regel an

Hast du Aufgaben, die nur ein paar Minuten dauern? Pack sie sofort an, wenn du weißt, dass du nicht länger als zwei Minuten brauchst, um sie zu erledigen.

Beispiele:

- Eine schnelle Bestätigungs-E-Mail senden: „Danke für deine E-Mail. Ich melde mich bis zum Feierabend bei dir."
- Das eine Dokument ablegen, das auf deinem Schreibtisch liegt.
- Schnell den Projektstatus-Update von einem Kollegen überprüfen.

Erledige diese kleinen Aufgaben schnell, um deine Arbeitslast leichter und deinen Geist klarer zu halten.

Schritt 6: Tauche ein in konzentrierte Arbeit für maximale Effizienz

Wähle die eine große, wirkungsvolle Aufgabe aus, die dich deinen Zielen näher bringt (wahrscheinlich aus dem Nicht dringend, aber wichtig-Quadranten).

Nimm dir einen Zeitraum ungestörter Zeit (beziehe dich auf deinen Zeitblockungsplan). Keine E-Mails, Anrufe oder Ablenkungen – einfach. reine. Konzentration.

Beispiel:

Du hast von 11:30 bis 13:30 Uhr speziell für konzentrierte Arbeit an der Recherche für das neue Projekt eingeplant. Tauche ein. Logge dich aus den sozialen Medien aus und schließe unnötige Tabs.

Glaub mir, dieses Gefühl der Vertiefung zahlt sich mächtig aus.

Schritt 7: Überprüfen und Anpassen

Gegen Ende deiner geplanten Zeit nimm dir ein paar Momente, um zu überprüfen, was du erreicht hast.

- Hast du die Präsentation beendet?
- Wurden deine E-Mails beantwortet?
- Wie läuft die Projektrecherche?
- Gibt es noch etwas aus deinem Nicht dringend, aber wichtig-Quadranten, das aussteht?

Die Bewertung hilft dir, Fortschritte zu erkennen (was sich großartig anfühlt) und deine Pläne bei Bedarf anzupassen.

Da hast du es – praktische Schritte zur Beherrschung der Techniken in Kapitel 7, alle darauf ausgelegt, deine Arbeitslast zu optimieren und die Produktivität zu maximieren! Genieße den Prozess, tatsächlich Dinge zu erledigen. Gehe diese Schritte immer wieder durch, und du wirst einen Rhythmus finden, der Wunder wirkt. Denn das Beherrschen des Zeitmanagements geht nicht nur darum, härter zu arbeiten, sondern klüger zu arbeiten. Viel Spaß beim Planen!

Kapitel 8: Praktische Anwendungen im täglichen Ablauf

"Kleine tägliche Verbesserungen sind der Schlüssel zu beeindruckenden langfristigen Ergebnissen."

In diesem Kapitel geht es darum, **Selbstdisziplin** in Ihre alltäglichen Aktivitäten zu integrieren. Haben Sie jemals das Gefühl gehabt, dass es zu schwer ist, konsequent zu bleiben? Sie sind nicht allein. Wir werden erläutern, wie man **Kontinuität aufrechterhält**, damit es so natürlich ist wie das Zähneputzen. Wir werden auch erkunden, wie man am besten **den Fortschritt überwacht** und die kleinen Anpassungen vornimmt, die den entscheidenden Unterschied ausmachen. Und hier ist das Sahnehäubchen oben drauf... echte **Beispiele zur Überwindung von Hindernissen** und Strategien, um **die kleinen Erfolge und Meilensteine zu feiern**.

Stellen Sie sich vor, jeden Tag aufzuwachen und das Gefühl zu haben, dass Sie auf dem Höhepunkt Ihrer Leistungsfähigkeit sind, alles fließt mühelos... klingt unglaublich, oder? Der Zweck dieses Kapitels ist es, Ihnen die Schlüssel zu geben, damit das passiert. Ob es darum geht, tägliche Aufgaben zu bewältigen oder an größeren persönlichen Zielen zu arbeiten, das Festhalten an einem konsistenten Plan kann Ihren Ablauf verändern.

Wenn Sie weiterlesen, werden Sie feststellen, dass auch kleine Anstrengungen zu großen Belohnungen führen können. Sie werden sehen, wie einfach es sein kann, diese Strategien umzusetzen und die emotionalen und funktionalen Vorteile zu ernten. Bereit, in

Ihrem täglichen Ablauf etwas **praktische Magie** zu erleben? Lassen Sie uns eintauchen – die spannende Reise erwartet Sie!

Die Umsetzung von Selbstdisziplin im Alltag

Die Umsetzung von Selbstdisziplin in unserem Alltag umfasst einige sehr praktische Schritte, die alles nicht nur möglich, sondern auch reibungslos machen. Alles beginnt damit zu wissen, **wie man Aufgaben priorisiert**, um maximale Effizienz zu erzielen. Oft häuft sich Zeug an, und es wird schwierig, wenn wir nicht wissen, was wir zuerst angehen sollen. Ein einfacher Trick? Teile deine Aufgaben in "dringend" und "wichtig" auf. Bemühungen bei dringenden Aufgaben helfen dir, sofortige Bedürfnisse zu bewältigen und deine Zeit freizumachen, um wichtige Aufgaben ohne ständige Panik zu bewältigen.

Auch das Festlegen klarer, erreichbarer täglicher Ziele ist monumental. Setze dich jeden Morgen kurz hin und notiere, was du unbedingt an diesem Tag erledigen musst. Mache klar, wie Erfolg aussieht – überlade dich nicht zu sehr, sonst schlägt es fehl. Hast du jemals versucht, einen steilen Hügel zu erklimmen, wenn du müde bist? Nicht lustig. Wenn du diese Aufgaben in winzige Häppchen aufteilst, wird es viel weniger beängstigend.

Und was große Aufgaben betrifft... überwältigend, oder? Denke an das Aufräumen der Garage. Fang mit einer Ecke an, nicht dem gesamten Raum. Strebe nicht nach Perfektion an einem Tag; **das Erledigen von kleinen Teilen** gibt ein Gefühl von Fortschritt. Du siehst mit jedem kleinen Schritt, den du bei einer riesigen Aufgabe machst, Fortschritte.

Zum Beispiel:

- Räume ein Regal im Schrank aus, anstatt das gesamte Ding.

- Schreibe eine Seite von dem langen Bericht, den du fürchtest, anstatt darauf zu bestehen, ihn zu beenden.
- Widme zehn Minuten dem Organisieren einer Schublade anstelle eines ganzen unordentlichen Büros.

Auf diese Weise multipliziert sich deine Anstrengung, so dass größere Aufgaben nicht mehr so groß erscheinen. Außerdem ist es absolut entscheidend, hier die grundlegende menschliche Natur zu würdigen: **Fortschritt = Motivation**.

Hier sind einige zusätzliche Tipps, um die Räder reibungslos am Laufen zu halten:

- **Sanfter Start in den Morgen:** Meide in der ersten Stunde nach dem Aufwachen dein Telefon oder E-Mails. Es ist deine goldene Stunde – nutze sie, um deine Stimmung für den Tag zu setzen.
- **Eine Sache zur Zeit:** Multitasking klingt cool, aber oft führt es zu mittelmäßigen Ergebnissen und dem Gefühl der Überforderung. Konzentriere dich voll auf eine Aufgabe, erledige sie und gehe zur nächsten über.
- **Pausen machen:** Erlaube dir, kurze Pausen zu machen. Es ist keine Zeitverschwendung – es sichert qualitativ hochwertige Arbeit, wenn dein Gehirn eine Pause bekommt.

Aber wie setzt man schwierige Pläne tatsächlich um? Hier ist ein zuverlässiger schrittweiser Prozess, um Selbstdisziplin in täglichen Aktivitäten umzusetzen:

- **Erstellung einer Aufgabenliste**

  Schreibe alle Dinge auf, die du erledigen musst – je detaillierter, desto besser.

- **Priorisierung der Aufgaben**

Entscheide, was dringend ist (drängende Fristen) und was wichtig, aber nicht dringend. Konzentriere dich auf das, was beides an der Spitze ist.

- **In Stücke zerlegen**

  Kein Schritt sollte länger als eine Stunde dauern, ohne eine kurze Pause dazwischen. Teile sie kleiner auf, wenn nötig (also wirklich winzige Stücke).

- **Zeitplanung**

  Weise jeder Aufgabe einen Zeitpunkt im Tag zu; eine visuelle Planung auf einem Kalender hilft Überbuchungen zu vermeiden.

- **Verpflichten**

  Streiche sie nacheinander ab. Lass dich nicht davon ablenken, zu viel nachzudenken. Springe in jede Aufgabe, total vertieft.

"Kleine tägliche Verbesserungen sind der Schlüssel zu beeindruckenden langfristigen Ergebnissen."

Und Voilà! Du erkennst, dass das Einhalten dieser Praxis bedeutet, nicht nur Sachen zu erledigen, sondern tatsächlich entspannt am Ende des Tages zu sein. Selbstdisziplin klingt riesig, als müsstest du ein Mönch oder eine Legende sein, um ihr zu folgen – Unsinn, ehrlich gesagt. Es liegt an beharrlichen, kleinen Akten des Organisiertseins – du beherrschst es völlig. Schieb diese Zweifel beiseite, denn ehrlich gesagt: Selbstfürsorge bei der Planung täglicher Aktivitäten beseitigt fast alle periodischen Stressfaktoren. Und füge immer ein wenig Dankbarkeit für das hinzu, was du vollendet hast.

Techniken zur Aufrechterhaltung der Konsistenz

Das Einrichten einer Routine für tägliche Aktivitäten kann zu Beginn etwas einschüchternd wirken, aber vertrau mir, es ist wie sich selbst ein solides Fundament zu geben. Stell es dir so vor – durch die Erstellung eines Zeitplans verbrauchst du weniger Energie für die Entscheidung, was als Nächstes kommt. Stattdessen gleitest du einfach von einer geplanten Aktivität zur nächsten. Ein bisschen wie zu wissen, dass deine Lieblingsschuhe direkt neben der Tür sind, oder? Du greifst sie einfach und gehst.

Beginne zum Beispiel damit, wesentliche tägliche Aufgaben zu planen: aufwachen, Zähne putzen, Bett machen, und so weiter. Mach diese nicht verhandelbar, fast automatische Rituale. Wenn du sie als Teil von "einfach das, was du tust" betrachtest, werden sie weniger zur Last und mehr zu einer Gewohnheit, die nahtlos in deinen Tag passt. **Profi-Tipp: Mach dein Bett sofort, nachdem du aufgestanden bist.** Es setzt von Anfang an einen Ton des Erfolgs.

Jetzt, streu etwas Technologie darüber – benutze Erinnerungen und Alarme, um auf Kurs zu bleiben. Heutzutage hat jeder ein Telefon in der Tasche, also warum nicht machen, dass es für dich funktioniert? Setze spezifische Zeiten für wichtige Aktivitäten fest – ein Alarm für das Mittagessen, eine Erinnerung, sich zu dehnen, ein Signal für dein Abendtraining. Es hält dich davon ab, tagsüber abzudriften.

Fällt es dir wirklich schwer, konsequent zu bleiben? Teile es in überschaubare Teile auf. Konzentriere dich darauf, von morgens bis mittags zu kommen, belohne dich mit einer wohlverdienten Pause. Manchmal ist es einfach beruhigend zu wissen, dass es ein Ende gibt, selbst wenn es nur ein kurzfristiges ist.

Was Belohnungen betrifft...belohne dich für das Festhalten am Plan! Dies wird oft übersehen, ist aber so entscheidend. **Positive Verstärkung ist fröhlicher Treibstoff für dein Gehirn.** Beende deine Woche mit einer Belohnung, ob das ein neues Buch, eine besondere Mahlzeit oder sogar ein paar extra Minuten mit einem entspannenden Hobby sind. Ein einfaches "Woo, mach weiter so!" kann manchmal die beste Motivation sein. Ein kurzes Zitat, das man immer im Kopf behalten sollte, ist:

Der kleinste Sieg ist besser als die größte Absicht.

Kleine inkrementelle Belohnungen legen größere Ziele in erreichbare Abschnitte. Regelmäßige kleine Belohnungen können Wunder wirken. Das Gefühl, wenn du dein tägliches Ziel erreichst...genieße es, lass es deine Verpflichtung nähren.

Lassen wir es zusammenkommen –

- **Tipps zur Routineerstellung:**
  o Identifiziere Kern-Tagesaufgaben und mache sie zu automatischen Gewohnheiten.
  o Halte dich an vernünftige Anfangs- und Endzeiten.
- **Gewinne durch das Einstellen von Erinnerungen:**
  o Telefonalarm: "Aufstehen und los geht's!"
  o Erinnerungen für spezifische Aktivitäten.
- **Profi-Tipp zu Belohnungen:**
  o Behalte ein Belohnungsglas bei. Plane im Voraus für all die kleinen Selbstpflege-Schmankerl.

Die Schaffung von Struktur hilft dabei, positive Verhaltensweisen in deinen regulären Ablauf einzubinden. Durch Versuche stärken kleine Erfolge deinen Weg zu größeren Zielen. Einfache Schritte, klare Erinnerungen und hin und wieder eine Anerkennung...Dieser fließende Zyklus könnte dein neuer bester Begleiter sein! Die Kraft von greifbaren Routinen mit angenehmen Unterbrechungen wird dich aufgeladen und bereit halten. Also...setze diese nach und nach um, bis sie ein unkomplizierter Teil deines Tages sind. Beeil dich nicht...sei einfach beständig.

Überwachung des Fortschritts und Anpassungen vornehmen

Die Überprüfung, wie die Dinge laufen... das ist doch nur gesunder Menschenverstand, oder? Wenn man auf etwas Wichtiges hinarbeitet, hilft es, den Fortschritt im Auge zu behalten, um ein klares Bild davon zu bekommen, was funktioniert und was nicht. Man kann es sich vorstellen wie das Stimmen einer Gitarre – ein paar kleine Anpassungen können aus Lärm schöne Musik machen.

Beginne zum Beispiel damit, regelmäßig deinen Fortschritt zu überprüfen. Stelle dir vor, jede Woche Zeit einzuplanen, um dich hinzusetzen (vielleicht mit einer Tasse Tee oder Kaffee) und nachzudenken. Schau dir an, was erreicht wurde im Vergleich zu dem, was noch aussteht. Dies ist keine Übung in Härte, solche Reflexionen zeigen oft Bereiche auf, die Anpassungen benötigen, ohne dass man sich zu sehr aufregt. Frage dich sanft: "War diese Woche produktiv? Gab es unerwartete Hindernisse?" Diese bescheidene Selbstprüfung hilft, Dinge zu klären.

Mitten in diesen Reflexionen könntest du einige Hürden bemerken. Rate mal? Das ist ein Signal, dass etwas nicht ganz stimmt und eine Strategieänderung benötigt. Es ist wie bei einem Buch, das man liest, aber die Handlung nicht verfolgen kann; ein paar Seiten zurückblättern könnte helfen, es zu verstehen. Ebenso, wenn eine Taktik nicht funktioniert hat, ersetze sie durch eine andere, die sich natürlicher oder 'du' anfühlt.

Es ist auch gut, periodische Überprüfungen einzurichten. Tägliche Bewertungen können zu viel sein, und monatliche könnten zu weit auseinanderliegen, strebe etwas dazwischen an. Alle zwei Wochen klingt ausgewogen. Diese kleinen Überprüfungen halten deine Ziele frisch in deinem Kopf und passen den Fokus an, ohne überwältigend zu sein. Das Ausrichten darauf, wo du warst, und das Feststellen von Abweichungen von dem, was du geplant hattest, hilft dir, den Kurs zu halten.

Auf der praktischen Seite... lass uns das in Schritte aufteilen.

- **Selbstüberprüfungssitzungen**

  Nimm dir jede Woche einen festen Zeitblock – sagen wir, 30 Minuten – um deine Ziele und Erfolge zu überprüfen. Stelle dir einfache Fragen wie: "Haben meine Handlungen in dieser Woche mich meinem Ziel näher gebracht?" Wenn du so ehrlich bleibst, erhellt das die Wirksamkeit.

- **Strategieanpassungen**

  Wenn du deine wöchentlichen Reflexionen einmal festgelegt hast, umfasst der nächste Schritt das Durchforsten von Methoden. Achte darauf, was funktioniert. Vielleicht erkennst du, dass 20 Minuten Spazierengehen nach dem Abendessen effizient war, aber das Aufstehen zum Joggen... nicht so sehr? Dieses Verständnis ist Gold wert. Feinjustiere deinen Ansatz, wo nötig – das bedeutet, Strategien anzupassen, basierend auf dem, was am besten zu dir passt.

- **Zweiwöchentliche Überprüfungen**

  Bereite dich auf diese etwas größeren Sitzungen alle zwei Wochen vor, um das größere Bild zu betrachten. Wenn wöchentliche Überprüfungen dein Kompass sind, sind diese zweiwöchentlichen Runden dein Sternengucker, der breitere Trajektorien ausrichtet. Stelle ein paar Fragen wie: "Bin ich auf Kurs? Machen diese kleinen Anpassungen einen Unterschied?" Du möchtest, dass diese Treffen die Reflexion mit strategischen Aktualisierungen ausbalancieren.

- **Nutze Rückkopplungsschleifen**

    Das Einrichten von Rückkopplungsschleifen kann auch helfen. Wenn du für Selbstreflexion und Fortschritt verfolgst, werden Echtzeit-Anpassungen einfacher. Denke an kleine Gewohnheitstracker oder ein Journal neben deinem Nachttisch. Kleine Verbesserungen basierend auf echtem Feedback fördern einen stetigen Schwung.

Hier ist etwas zum Nachdenken:

"Herauszufinden, was funktioniert, erfordert, dass du akzeptierst, dass du es beim ersten Mal vielleicht nicht richtig bekommst... probiere weiter, bis es klappt."

Insgesamt sollte jede angewendete Methode auch deine Realitätschecks würzen. Das Hauptziel sollte auf Selbsterkenntnis beruhen. Regelmäßige Bewertungen und Anpassungen enthüllen oft reibungslosere Wege. Außerdem bringt dieser Prozess auf sanfte Weise höchste Klarheit darüber, was du tust.

Denke variabel, passe geduldig diese kleinen Saiten oft an, und schon bald könntest du bemerkenswerte Melodien spielen, während du diese Ziele verfolgst! **Selbstdisziplin** geht darum, diese Gewohnheiten bei jedem Schritt zu verfeinern, und die Überwachung bringt jede Note genau richtig.

Beispiele zur Überwindung von Hindernissen

Denken Sie an alltägliche Ablenkungen—oh, du weißt, worüber ich spreche. Handys, soziale Medien, lustige Katzenvideos, die auftauchen. All dies kann deinen Fortschritt schneller ausbremsen als alles andere. Es mag wie ein kleiner Zeitverlust erscheinen, aber diese Ablenkungen summieren sich. Daher ist es ziemlich entscheidend, sie zu identifizieren und dann zu beseitigen. Stellen Sie sich vor, Ihr Telefon auf "Nicht stören" zu setzen oder noch besser, es in einem anderen Raum zu platzieren, während Sie arbeiten. Eine weitere gute Idee ist die Verwendung von Apps, die entwickelt wurden, um Ihnen zu helfen, konzentriert zu bleiben. Diese nehmen die Versuchung, Nachrichten oder Benachrichtigungen zu überprüfen, weg.

Es kann sein, dass Sie Rückschläge erleben, egal wie gut Sie vorbereitet zu sein glauben. Pläne funktionieren nicht immer, oder? Wenn sie das nicht tun, ist es entscheidend, Strategien zur Bewältigung von Rückschlägen zu haben. Treten Sie einen Schritt zurück, atmen Sie tief durch und betrachten Sie, was schief gelaufen ist—nicht um sich selbst fertig zu machen, sondern um zu sehen, was für das nächste Mal verbessert werden kann. Es ist wie ein Spiel—Sie lernen bessere Züge, wenn Sie das Spiel besser verstehen.

- **Ruhe bewahren.** Nehmen Sie den Rückschlag und betrachten Sie ihn unemotional (so gut es geht). Gab es einen bestimmten Punkt, an dem die Dinge ins Wanken gerieten?
- **Lösungen denken, nicht Probleme.** Anstatt sich auf den Fehler zu konzentrieren, konzentrieren Sie sich darauf, wie Sie ihn korrigieren können. Fragen Sie sich: "Was kann ich anders machen?" Das ist viel konstruktiver.
- **Einen Notfallplan aufschreiben.** Für praktisch jedes Ziel können Sie einen Plan B bereithalten. Dies kann aus dem, was wie ein riesiges Hindernis erscheint, nur zu einer kleinen Hürde auf dem Weg werden.

Ein weiterer wichtiger Punkt—**Suchen Sie Unterstützung bei Freunden oder Mentoren.** Wenn die Herausforderungen zu groß werden, mit jemandem zu sprechen, der ein Händchen für gute Ratschläge oder eine freundliche Schulter hat, kann wirklich viel bewirken. Vielleicht haben sie ähnliche Dinge durchgemacht und haben hilfreiche Erkenntnisse. Mentoren können Sie speziell anleiten, da sie oft "schon dort waren, das schon gemacht haben". Allein schon zu hören, wie jemand Sie anfeuert, kann Ihre Moral mehr steigern, als Sie denken.

"Es ist nicht so, dass ich so klug bin, ich bleibe nur länger bei Problemen."

Das gesagt... lassen Sie uns ein paar spezifische Schritte hervorheben:

- **Identifikation**: Erkennen Sie, wer Ihre Unterstützungsquellen sind. Freunde, Familie und Mentoren sind mehr als nur Cheerleader. Sie haben Perspektiven und Weisheit, die unbezahlbar sind.
- **Kontaktaufnahme**: Seien Sie nicht schüchtern, um Unterstützung zu bitten. Einfache Textnachrichten wie "Hey, können wir reden?" oder "Ich stecke fest" können den Weg zu hilfreichen Gesprächen öffnen.
- **Anwendung**: Wenn Sie Tipps und Ratschläge erhalten, nicken Sie nicht nur zustimmend. Wenden Sie sie an. Sie werden überrascht sein, wie sich schon eine kleine Anpassung, die ein Freund empfiehlt, stark auswirken kann.

Auch Atempausen sind wichtig. Es ist nichts Falsches daran, sich überfordert zu fühlen; das passiert jedem. Manchmal kann es schon helfen, einfach für 10 Minuten innezuhalten, um Ihre Gedanken zu sammeln. Ermöglichen Sie sich einen Moment der Ruhe—even nur ein kleiner—um Lösungen zu Ihnen kommen zu lassen. Sie werden feststellen, dass mit einfacher Disziplin Ihr täglicher Einsatz reibungsloser verlaufen kann.

Zuletzt zählt die Gesamteinstellung sehr. Es geht darum, Ihre Denkweise auf Wachstum und Geduld auszurichten. Klar, konzentriert zu bleiben und Stress abzubauen klingen grundlegend, aber sie sind Ihre Verteidigung gegen die täglichen Hürden.

Kurz gesagt—mit diesen Tricks im Ärmel kann das Durchbrechen von Hindernissen eher zu einer Routine als zu einem Kampf werden.

Das Feiern von kleinen Erfolgen und Meilensteinen

Wenn es um Selbstdisziplin geht, ist es entscheidend, Erfolge anzuerkennen, egal wie klein sie sind. Die kleinen Schritte, die du jeden Tag unternimmst, um deine Ziele zu erreichen, bilden das Fundament deiner größeren Erfolge. Ob es darum geht, ein Training zu beenden, einen Teil eines Projekts abzuschließen oder sogar früh aufzustehen - das sind deine Erfolge. Nimm dir einen Moment Zeit, um sie anzuerkennen. Sich selbst auf die Schulter zu klopfen mag unbedeutend erscheinen, aber es ist so wichtig, um den Schwung und die Motivation aufrechtzuerhalten. Kleine Siege bringen dich voran.

Erwäge, ein Belohnungssystem einzusetzen. Es muss nicht aufwändig sein; tatsächlich ist Einfaches oft besser. Hast du zehn Seiten von dem Buch gelesen, das du schon lange lesen wolltest? Genieße ein Stück deiner Lieblingsschokolade. Die Aufgaben oder Pflichten des Tages erledigt? Schau eine Folge deiner Lieblingssendung. Indem du diese Freuden mit deinen Bemühungen verknüpfst, schaffst du positive Verbindungen mit Erfolgen. Es geht darum, dir den zusätzlichen Anstoß zu geben, weiterzumachen.

Denke zurück - es ist einfach, den Überblick darüber zu verlieren, wie weit du gekommen bist. **Das Reflektieren über deinen Fortschritt kann dein Selbstvertrauen wirklich stärken.** Führe ein Tagebuch, notiere die Aufgaben, die du jeden Tag erledigt hast. Ich habe festgestellt, dass es beeindruckend ist, auf meine Notizen zurückzublicken und tägliche Erfolge zusammengefasst zu sehen.

Sicher, manchmal ist der Fortschritt subtil, aber er ist da. Diese kleinen Siege sammeln sich an und werden zu größeren Meilensteinen - die mit größeren Erfolgen einhergehen.

Lass uns über eine praktische Methode sprechen, um dies in deinen Alltag zu integrieren. Hier ist ein **Schritt-für-Schritt-Prozess.**

- **Anerkenne jeden Erfolg während deines Tages**

  Es kann so einfach sein wie: "Ich habe heute die Hälfte meiner To-Do-Liste erledigt." (Hast du genug Wasser getrunken? Zwei weitere E-Mails beantwortet?) Beachte diese Momente.

- **Führe ein einfaches Belohnungssystem ein**

  Denke über kleine Belohnungen nach, die dich glücklich machen. (Du gönnst dir keine Urlaubsreise für die Wäsche - aber vielleicht eine 10-minütige Pause mit einem guten Buch.) Plane diese kleinen Belohnungen im Voraus, um deine Stimmung hoch zu halten.

- **Reflektiere regelmäßig über deinen Fortschritt**

  Nimm dir jeden Abend ein paar Minuten Zeit, um über das nachzudenken, was du an diesem Tag erreicht hast. Verwende ein Tagebuch oder eine App, etwas Einfaches, um schnelle Gedanken festzuhalten. Auch Stichpunkte können äußerst aufschlussreich sein. Was hat funktioniert? Worauf warst du heute stolz?

- **Feiere größere Meilensteine**

  Schließlich werden deine kleineren Erfolge dazu führen, dass du größere Aufgaben abschließt. Feiere diese mit größeren Belohnungen - ein Essen im Restaurant, einen Tagesausflug oder gönn dir etwas, das du schon eine Weile wolltest. Die Anerkennung dieser Meilensteine hilft dabei, die Anstrengungen zu festigen, die du unternommen hast, um sie zu erreichen.

Hier ist ein einfacher, aber tiefgründiger Gedanke, den du während dieser Momente im Hinterkopf behalten solltest:

"Eine Reise von tausend Meilen beginnt mit einem einzigen Schritt."

Baue positive Bestärkungen in deine täglichen Reflexionen ein - in kleinen Kommentaren wie "Hey, du hast heute großartig abgeschnitten" oder "Das war nicht einfach, aber ich habe es durchgezogen." Positive Selbstgespräche sind entscheidend; sie verstärken subtil deinen eigenen Glauben an deine Fähigkeiten.

Indem du inkrementelle Fortschritte feierst und anerkennst, **erschaffst du einen Kreislauf aus Positivität und Motivation.** Jede Mini-Feier, wie freundliche Worte an dich selbst, diese leichten und locker-flockigen Momente, treiben dich voran. Fortschritt, egal wie klein, ist immer Fortschritt, der dich näher an deine Ziele bringt. Jeder Schritt zählt.

Lass uns praktisch werden!

Also gut, liebe Leser, schnappt euch eure metaphorischen Werkzeuggürtel, denn es ist Zeit, etwas positive Selbstdisziplin in die Tat umzusetzen, wobei uns Kapitel 8 jeden Schritt des Weges begleitet. Wir werden dies in unsere täglichen Abläufe einweben, die Konsistenz stärken, unseren Fortschritt überprüfen, Herausforderungen bewältigen und uns (bildlich gesprochen) für kleine Erfolge selbst auf die Schulter klopfen. Bereit? Lasst uns ans Werk gehen.

Schritt 1: Identifiziere eine tägliche Aufgabe zur Verbesserung

Denke über deine täglichen Aktivitäten nach. Gibt es etwas, bei dem du Schwierigkeiten hast, Disziplin zu wahren? Es könnte so einfach sein wie jeden Tag zur gleichen Zeit aufzuwachen oder so spezifisch wie das Machen deines Bettes. Wähle eine praktische Aufgabe aus, bei der du glaubst, dass sich Selbstdisziplin wirklich bewähren könnte. Zum Beispiel entscheidest du dich dafür, deinen Arbeitsplatz jeden Tag organisiert zu halten.

Schritt 2: Setze ein kleines, erreichbares Ziel

Unterteile diese Aufgabe in ein kleineres, handhabbares Ziel. Denke daran, dein Bett zu machen, das sind fünf Minuten Aufwand. Wenn es um das Organisieren deines Arbeitsplatzes geht, verpflichte dich dazu, am Ende eines jeden Tages 10-15 Minuten aufzuräumen. Wir bereiten uns auf Erfolg vor, ohne uns überwältigt zu fühlen.

Schritt 3: Erstelle eine einfache Routine

Mache diese Aufgabe zu einem Teil deiner täglichen Routine. Weise ihr eine bestimmte Zeit zu – direkt nach dem Aufwachen oder vor dem Schlafengehen zum Beispiel. Angenommen, du verpflichtest dich dazu, deinen Arbeitsplatz direkt vor dem Abendessen zu organisieren. Die Zuordnung der Aufgabe zu einer bestimmten Zeit unterstützt die Konsistenz.

Schritt 4: Überwache deinen Fortschritt

Führe ein kleines Notizbuch, ein physisches oder digitales, in dem du jeden Tag eine einfache Notiz machst, wenn du deine Aufgabe erledigt hast. Etwas wie "Arbeitsplatz heute organisiert" mit dem Datum. Es ist ein klarer Überblick und – glaub mir – diese aufeinanderfolgenden Notizen zu sehen, motiviert enorm.

Schritt 5: Hindernisse angehen und sich anpassen

Du wirst auf Hindernisse stoßen. Vielleicht bist du an einem Abend spät dran für einen Ausgang und das Organisieren deines Arbeitsplatzes gerät aus dem Blickfeld. Selbst die besten Pläne geraten ins Wanken; was zählt, ist deine Reaktion. Mach dir keine Vorwürfe; erkenne stattdessen, dass es eine Abweichung ist, und komm am nächsten Tag wieder auf Kurs. Die Stärkung der Willenskraft beinhaltet das Verständnis, dass Fehler passieren, aber das Engagement stark bleibt.

Schritt 6: Feiere kleine Erfolge

Jedes Mal, wenn du 7 Tage lang deinen Plan beibehältst, tue dir etwas Gutes. Genieße eine zusätzliche Folge deiner Lieblingssendung oder gönn dir fünf zusätzliche Minuten deiner bevorzugten Entspannungsaktivität. Das Anerkennen dieser Erfolge steigert deine Moral und wirkt sich positiv auf deine Motivation aus.

Schritt 7: Steigere allmählich den Einsatz

Wenn du selbstbewusst deine kleinen Ziele erreichst und es sich bereits nach Gewohnheit anfühlt, überlege, das Ganze auszuweiten oder eine weitere Aufgabe hinzuzufügen. Vielleicht entscheidest du nachdem du zuverlässig deinen aufgeräumten Arbeitsplatz beibehalten hast, jeden Morgen 5 Minuten Stretching zu integrieren. Die gleichen Schritte gelten – kleine, erreichbare Ziele, die in deine Routine integriert sind.

Obwohl es persönlich ist, folge diesem Faden und passe dich an: Aktivitäten hinzufügen, verfolgen, Überwinden von Fehlern und dich belohnen. Im Laufe der Zeit ballen sich diese Gewohnheiten, und deine Selbstdisziplin breitet sich auf andere Lebensbereiche aus. Jeder Fortschritt macht dich umso stärker.

Dieser schrittweise Ansatz schafft keine dramatischen Veränderungen über Nacht, sondern konzentriert sich auf deinen täglichen Rhythmus, Konsistenz, kleine Anpassungen und das Genießen kleiner Siege. Passe es entsprechend deiner Dynamik an und halte die Reise belohnend, formend und motivierend.

Kapitel 9: Dauerhafte Ergebnisse durch Disziplin erreichen

"Disziplin ist die Brücke zwischen Zielen und Erfolgen."

Also, warum ist Disziplin auf lange Sicht so entscheidend? Denken Sie darüber nach - wie oft haben Sie etwas mit Begeisterung begonnen, nur um unterwegs die Motivation zu verlieren? Hier kommt dieses Kapitel ins Spiel. Wir werden erkunden, wie man die **Motivation aufrechterhält** im Laufe der Zeit, kontinuierliche Verbesserung praktiziert (ja, auch wenn es schwierig erscheint) und Anstrengung mit der notwendigen Ruhe für langfristigen Erfolg ausbalanciert.

Haben Sie sich schon einmal gefragt, warum einige Menschen immer Ergebnisse erzielen, während andere ausbrennen? Es geht nicht nur darum, hart zu arbeiten, sondern auch intelligent zu arbeiten. Die Aufrechterhaltung der **Motivation** ist ein wichtiger Aspekt. Sie werden Tipps finden, wie Sie auch lange nachdem die anfängliche Begeisterung verblasst ist, weiterhin motiviert bleiben können. Außerdem werden wir über *Kaizen* sprechen, ein Prinzip, das riesige Aufgaben in kleine, überschaubare Teile für kontinuierliche Verbesserung aufteilt - klingt ziemlich gut, oder?

Aber Moment mal, es dreht sich nicht nur um harte Arbeit. Wir werden über die Kunst der Ausgewogenheit von **Ruhe und Anstrengung** sprechen, denn Ausbrennen hilft niemandem (klingelt es bei Ihnen, wenn Sie zu oft auf die Schlummertaste drücken?). Ein weiterer Höhepunkt? **Selbstdisziplin** - nicht nur bei der Arbeit, sondern in jedem Bereich Ihres Lebens. Vertrauen Sie mir, es lohnt sich.

Und schließlich werden Reflexion und Planung Ihnen helfen, zukünftige Wege zu planen. Bereit, Ihre Routine zu transformieren?

Die Motivation über einen längeren Zeitraum aufrechterhalten

Okay, die Motivation über die lange Strecke aufrechtzuerhalten... das ist kein Spaziergang im Park, aber mit einigen soliden Strategien definitiv machbar. Der Trick besteht darin, *klare, erreichbare Ziele zu setzen.* Man könnte es sich vorstellen, als hätte man spezifische, greifbare Ziele, die tatsächlich erreichbar sind. Wenn deine Ziele vage oder zu weit hergeholt sind, ist es leicht, den Schwung zu verlieren, weil du das Ziel nicht sehen kannst. Anstatt zum Beispiel zu sagen "Ich möchte fit werden", könntest du ein Ziel setzen wie "Ich möchte innerhalb von zwei Monaten eine Meile in acht Minuten laufen." Da gibt es einen großen Unterschied zwischen den beiden, findest du nicht auch?

Fortschritte zu verfolgen, macht tatsächlich einen großen Unterschied. Du würdest überrascht sein, wie motivierend es sein kann, deinen eigenen Fortschritt zu sehen, auch wenn es nur ein kleines Stückchen nach dem anderen ist. Ein Tagebuch, eine Tabelle, sogar eine Pinnwand - alles wirklich - kann genutzt werden, um deine Erfolge festzuhalten. Nehmen wir zum Beispiel jemanden, der lernt Gitarre zu spielen. Jedes Mal, wenn sie einen Akkord beherrschen, ist das Fortschritt. Wenn man es irgendwo aufschreibt, wird es zu einem kleinen, aber bedeutsamen Sieg. Außerdem halten dich diese kleinen Aufzeichnungen auf Kurs, indem sie dir zeigen, wie weit du schon gekommen bist.

Von Siegen zu sprechen, ist es entscheidend, *kleine Erfolge zu feiern*. Ja, auch diese kleinen Meilensteine verdienen etwas Aufmerksamkeit. Hast du es geschafft, einen Kilometer ohne anzuhalten zu laufen? Großartig! Belohne dich vielleicht mit einem Lieblingssnack oder einem entspannenden Bad. Sich für kleine Schritte zu belohnen, lässt den gesamten Prozess lohnender und weniger lästig erscheinen.

"Erfolg ist die Summe kleiner Anstrengungen, die Tag für Tag wiederholt werden."

Einfache, konsequente Handlungen summieren sich im Laufe der Zeit zu signifikanten Ergebnissen. (Natürlich wird die Konsequenz selbst von klaren Zielen und regelmäßigen Überprüfungen gestützt).

Es ist auch in Ordnung, wenn die Motivation ab und zu nachlässt. Sei nicht zu hart zu dir selbst, wenn ein schwerer Tag kommt. Es geht um den Fortschritt, nicht um Perfektion. Einen Tag beim Aufzeichnen verpassen oder ein Ziel kurzzeitig aus den Augen verlieren ist nicht das Ende der Welt. Versuche einfach, dass diese gelegentlichen Aussetzer nicht zu Gewohnheiten werden. Ich hatte einen Freund, der daran arbeitete, einen Roman zu schreiben, und glaub mir, der Schlüssel war nicht nur die großen Schreibmarathon-Wochenenden - es waren diese konsequenten kleinen Schreibabschnitte, die fast täglich erledigt wurden.

Praktische Schritte existieren, um diese Konsequenz zu erreichen:

- **Sichtbare Erinnerungen erstellen**

  Hänge Poster, Haftnotizen oder Nachrichten auf, die dich daran erinnern, auf Kurs zu bleiben. Eine Erinnerung auf deinem Kühlschrank mit der Aufschrift "Du schaffst das, Schritt für Schritt" mag kitschig klingen, aber diese sichtbaren Hinweise können dich ernsthaft auf Kurs halten.

- **Trete einer Gemeinschaft oder Unterstützungsgruppe bei**

  Dies könnte ein örtlicher Club, ein Online-Forum oder einfach eine Gruppe von Freunden sein. Ziele, Fortschritt, Herausforderungen teilen - andere zu haben, die dich anfeuern - kann dringend benötigte Ermutigung bieten. Soziale Verantwortlichkeit wirkt Wunder.

- **Regelmäßige Überprüfungen planen**

  Einmal pro Woche oder sogar monatlich, nimm dir Zeit, um mit dir selbst zu reflektieren. Überlege, was gut gelaufen ist, was nicht, und passe deine Ziele und Strategien entsprechend an. Vielleicht lässt das tägliche Laufen nicht genug Zeit zur Erholung - ändere den Plan, um Ruhezeiten einzuschließen.

Halte den Prozess interessant, indem du neue Ansätze ausprobierst. Wenn eine Methode nicht motiviert, vielleicht eine andere. Tausche einen morgendlichen Lauf gegen Schwimmen, tausche ein 10-Seiten-Schreibziel gegen ein Wortziel und so weiter.

Wie gesagt, Motivation ist nicht konstant. Das Ziel ist es, ein System zu schaffen, das die Motivationsmaschinen öfter zum Laufen bringt als nicht. Manchmal machen kleine Anpassungen den größten Unterschied darin, wie wir unseren Antrieb aufrechterhalten.

Also halte durch - die obigen Schritte? Sie sind garantierte Erfolge, die dazu führen, motiviert zu bleiben.

Kontinuierliche Verbesserung (Kaizen)

Lassen Sie uns das Konzept der Umsetzung kleiner, inkrementeller Veränderungen erkunden... Sie sind oft wie das Pflanzen von Samen, die allmählich zu mächtigen Bäumen heranwachsen. Winzige Anpassungen in den täglichen Gewohnheiten können zu nachhaltigerem, langfristigem Erfolg führen. Anstatt sich auf einmal massiven Veränderungen zu stellen, die überwältigend wirken können, könnten Sie eine einfache Sache nach der anderen anpassen. Versuchen Sie beispielsweise, jeden Tag zehn Seiten zu lesen, anstatt zu planen, ein ganzes Buch an einem Wochenende zu beenden. Dies macht die Aufgabe nicht nur überschaubar, sondern etabliert auch ein Muster der Kontinuität.

Die Förderung einer Wachstumsmentalität ist hier entscheidend. Denken Sie darüber nach—Anstrengung und Ausdauer werden zu Schritten nach oben anstatt zu Hindernissen. Eine Wachstumsmentalität bedeutet, Herausforderungen als Gelegenheiten zum Lernen und Verbessern zu sehen, anstatt als Hindernisse zu vermeiden. Nehmen wir Jane, die anfangs Probleme mit öffentlichem Sprechen hatte. Anstatt ihre Nervosität als Misserfolg zu betrachten, nutzte sie jede Gelegenheit, in kleineren Settings zu sprechen. Sie sah jede Chance als Möglichkeit zur Verbesserung. Im Laufe der Zeit und mit konsequenten kleinen Schritten schoss ihr Selbstbewusstsein in die Höhe. Sie überprüfte regelmäßig ihren Fortschritt, notierte Bereiche zur Verbesserung und erweiterte allmählich ihre Komfortzone.

Es ist auch wichtig, die Strategien zu überprüfen und anzupassen. Nehmen wir Mark; er wollte seine Produktivität bei der Arbeit steigern. Zuerst versuchte er, alle seine kompliziertesten Aufgaben auf einmal anzugehen und endete ausgebrannt. Also überprüfte Mark, was funktioniert hat und was nicht. Dann setzte er eine weitere kleine Änderung um—er teilte die Aufgaben in noch kleinere Abschnitte auf und konzentrierte sich darauf, nur einen Abschnitt zu beenden. Dank dieses iterativen Prozesses fand Mark ein Gleichgewicht, das seine Effizienz massiv verbesserte, ohne Stress.

Kleine Veränderungen, eine Wachstumsmentalität—verstanden. Aber wie entscheiden wir, welche Schritte wir unternehmen sollen? Hier ist eine praktische Methode, die Sie anwenden könnten:

- **Identifizieren Sie einen Bereich zur Verbesserung**

  Beschränken Sie sich auf etwas Spezifisches. Anstatt einfach "gesünder zu leben", konzentrieren Sie sich auf ein präzises Ziel wie mehr Wasser trinken oder tägliche Spaziergänge machen.

- **Führen Sie eine winzige Änderung durch**

  Für das Ziel, mehr Wasser zu trinken, beginnen Sie mit einem zusätzlichen Glas Wasser jeden Morgen. Oder, wenn Sie tägliche Spaziergänge anstreben, machen Sie nach dem Mittagessen einen fünfminütigen Spaziergang. Ziel ist es, die Änderung klein genug zu gestalten, damit sie ohne drastische Verschiebungen in den bestehenden Routinen erreichbar ist.

- **Messen und Reflektieren**

  Legen Sie eine Form der Messung fest—vielleicht ein einfaches Tagebuch, um den Fortschritt zu verfolgen. Notieren Sie, wie viel Wasser Sie trinken oder wie oft Sie diesen Spaziergang machen.

- **Überprüfen und den nächsten winzigen Schritt planen**

  Nach ein paar Wochen überprüfen Sie Ihren Fortschritt. Haben Sie sich bequem an die winzige Änderung angepasst? Wenn ja, führen Sie einen weiteren kleinen Schritt ein— vielleicht fügen Sie noch ein Glas Wasser am Abend hinzu oder verlängern Ihren Spaziergang um weitere fünf Minuten.

"Durch ständige Feinabstimmung und Anpassung von Strategien bleibt man auf Kurs und kann sich neuen Herausforderungen stellen."

Um all diese Prozesse wirkungsvoll zu gestalten, hier sind einige Hinweise:

- **Bleiben Sie geduldig:** Fortschritte können langsam erscheinen, aber winzige, konsequente Schritte führen oft zu dauerhaften Veränderungen.
- **Seien Sie nett zu sich selbst:** Rückschläge sind unvermeidlich, aber anstatt sie als Misserfolge zu betrachten, betrachten Sie sie als Gelegenheiten zur Neuausrichtung. Jede kleine Anstrengung zählt.
- **Mischen und Anpassen von Strategien:** Manchmal können durch die Kombination von winzigen Veränderungen mit Elementen anderer Verbesserungsmethoden die Ergebnisse erheblich verbessert werden. Passen Sie individuell an, was für Sie am besten funktioniert.

Also, während Sie mit diesem System voranschreiten, behalten Sie Flexibilität im Auge. Passen Sie bei Bedarf an und feiern Sie immer kleine Erfolge. Der ständige Antrieb zur Verfeinerung dieser Prozesse ist der Schlüssel. Kleine Schritte, konsequent angewandt, führen Sie weit—viel weiter als sporadische Bemühungen. Denken Sie daran als eine kontinuierliche Reise von gestuften Erfolgen, die zu dauerhaften und wirkungsvollen Veränderungen beitragen.

Ausgewogenheit von Ruhe und Anstrengung für Langlebigkeit.

Das Gleichgewicht von Ruhe und Anstrengung mag wie ein grundlegender Ratschlag erscheinen, aber es ist einer der

Grundpfeiler zur Aufrechterhaltung langfristiger Disziplin. Da übermäßige Anstrengung schnell zu Burnout führen kann, ist die Annahme einer nachhaltigen Routine mit eingebauter Ruhe unerlässlich.

Regelmäßige Pausen einzuplanen kann die Konzentration wiederbeleben und die Motivation aufrechterhalten. Denken Sie daran wie beim Laufen. Sie benötigen kürzere Abschnitte, Ruhe, um Atem zu holen, dann wieder laufen... wiederholen. Studien (wie die Pomodoro-Technik) legen nahe, etwa 25 Minuten zu arbeiten, dann eine fünfminütige Pause einzulegen. Dieses Muster hilft dabei, frische Energielevel aufrechtzuerhalten.

Schlaf und Erholung priorisieren ist ein weiterer Schlüssel. Es ist verlockend—besonders bei knappen Fristen—bei minimalem Schlaf zu arbeiten und zu denken, man könne "sich durchkämpfen". Dies führt jedoch oft zu Problemen. Weniger Schlaf beeinträchtigt das Urteilsvermögen, verändert die Stimmung und reduziert die Produktivität. Das bedeutet nicht nur früh ins Bett zu gehen; es geht um qualitativen Schlaf. Schaffen Sie eine beruhigende Abendroutine—dimmen Sie das Licht, lesen Sie ein Buch und vermeiden Sie eine Stunde vor dem Schlafengehen Bildschirme. Einfache Routinen können die Schlafqualität drastisch verbessern, und der Unterschied in der Leistung von Tag zu Tag wird spürbar sein.

Die Ausgewogenheit von Anstrengungen erfordert einen Mittelweg. Zu viel Intensität ohne Pausen ist nicht nachhaltig. *Mäßigung zu üben* bedeutet, erreichbare Ziele zu setzen und diese Stück für Stück anzugehen. Eine Falle, in die viele geraten, ist das "Alles oder Nichts"-Denken—wenn ein Ziel nicht erreicht wird, denken die Menschen, dass sie völlig versagt haben. Disziplin handelt nicht von Perfektion; es geht um Kontinuität und Fortschritt. Legen Sie einen täglichen Beitrag fest, der auch an schwierigeren Tagen zu bewältigen ist. Zum Beispiel, wenn Sie sich vornehmen zu trainieren und keine Zeit für Ihre übliche Stunde haben, kann ein 10-minütiges Dehnen genauso effektiv sein, um den Schwung aufrechtzuerhalten. Dinge mäßig zu halten bedeutet, dass Sie sich nicht überlasten und das Verlangen vorzeitig verlieren.

Burnout... es schleicht sich heran. Sie mögen das, was Sie tun, bis Sie eines Tages mit Schrecken aufwachen. Es ist wichtig, zwischen Anstrengungen erholsame Pausen einzubauen. Eine persönliche Anmerkung? Ich habe früher so viele Projekte gleichzeitig übernommen, voller Ehrgeiz, dass ich den Rauch des Burnouts erst bemerkte, als ich bis über beide Ohren in Flammen stand. Lektion gelernt—treten Sie gelegentlich einen Schritt zurück. Lassen Sie Ihr Gehirn neu kalibrieren.

"Du kannst nicht aus einem leeren Becher schöpfen."

Dieses Zitat unterstreicht, warum die Ausgewogenheit von Ruhe und Anstrengung unverzichtbar ist. Ohne Ruhe und Erholung versiegen Sie, was das Erreichen von Zielen wie das Schieben eines Felsens den Berg hinauf erscheinen lässt.

Betrachten Sie diese Hinweise als Gehirnfutter—in kleinen Intervallen eingenommen, um Sie mit Energie zu versorgen. Planen Sie Momente absoluter Entspannung in Ihrem Tag ein (ja, wirklich Zeit zuweisen)—auch wenn es nur ein paar fünfminütige meditative Pausen zwischen längeren Aufgaben sind. Beobachten Sie, wie der Stress abnimmt und die Klarheit zunimmt. Sich in eine kognitive Routine (wie Puzzles) gemischt mit körperlichen Übungen (wie Yoga) zu engagieren, schafft ein nachhaltiges Drehbuch.

Das Leben erfordert eine ausgewogene Verteilung—richten Sie Ihre Energien hauptsächlich auf das Wesentliche und die Freizeit aus. Übernehmen Sie alles schrittweise:

- Identifizieren Sie Adrenalinschübe und Phasen mit geringer Energie in Ihrem Tag.
- Planen Sie Aktivitäten, die Ihren Rhythmen entsprechen.
- Verwenden Sie Kalender oder Wecker (um an Pausen zu erinnern).

Selbstdisziplin aufzubauen bedeutet, echte Bedürfnisse zu erkennen, die durch Anstrengung und ausreichende Ruhe ausgeglichen werden, und ermöglicht langfristige Erfolge.

Indem Sie diese Prinzipien dynamisch miteinander verknüpfen, vermeiden Sie Einbrüche, die den Fortschritt hemmen. Anstrengung bedeutet nicht unmittelbar. Dauerhafte Ergebnisse entstehen mit konstanten und durchdachten Methoden, die Ihren wahren Zweck immer bewahren. Gehen Sie bewusst vor... Es ist eine anhaltende Geduld, eine nachvollziehbare Konsequenz, die Ihre Ergebnisse einnehmend zeitnah ausreifen lässt.

Die Integration von Selbstdisziplin in alle Lebensbereiche

Eine starke Willenskraft ist nicht nur etwas, was du für wichtige Aufgaben oder stressige Fristen benötigst - sie kann jeden Teil deiner Welt beeinflussen. Lass mich erklären, was ich meine.

Denke über das persönliche Leben nach - Dinge zu Hause erledigen, strengere gesunde Entscheidungen treffen oder bei einem neuen Hobby bleiben. Diese Disziplin, jeden Morgen zur gleichen Zeit aufzuwachen, auch am Wochenende, legt eine starke Grundlage. Es sind die kleinen Dinge... wie das Bett machen (es gibt Hinweise, dass es sogar die Stimmung verbessern kann) oder das Training nicht ausfallen zu lassen... die am meisten zählen. Versuche, eine Morgenroutine zu erstellen.

- **Aufwachzeit**

  Lege eine bestimmte Zeit fest, um aufzustehen, und mache diese Zeit heilig. Es ist wie das Erschaffen eines mentalen Ankers für jeden Tag. Kein Morgenmensch? Am Anfang mag es für dich furchtbar erscheinen, aber glaub mir... es wird einfacher.

- **Kleine Aufgabe**

Starte deinen Tag mit einer einfachen Handlung, wie das Bett machen. Diese kleine Aufgabe vermittelt ein Gefühl von Erfolg und setzt die Stimmung. Klingt nicht viel? Nun, es ist trotzdem ein kleiner Sieg gleich zu Beginn!

- **Trainingszeit**

Wähle eine Übung, die du liebst (oder zumindest nicht hasst), und halte daran fest. Sei nett zu dir selbst, indem du dich daran erinnerst, dass die kleinen Schritte wichtig sind. (Heute, wenn es regnet, begnüge dich einfach mit Dehnen, wenn du nicht rauskannst).

Im Büro geht es bei Disziplin nicht nur darum, Arbeit zu erledigen; es geht darum, ein konstantes Maß an Exzellenz aufrechtzuerhalten, Effizienz und Qualität auszubalancieren und bei einer Routine zu bleiben, die die Produktivität maximiert. Das bedeutet (und ich kann das nicht genug betonen), Planung, Planung, Planung... hilft wirklich.

- **Tagesplaner**

Hab einen! Starte deinen Tag, indem du die Hauptaufgaben auflistest. Es wird Wunder wirken, dich auf Kurs zu halten. Behandle diese Liste mehr wie einen Leitfaden - manchmal tauchen Dinge auf, die nicht auf deinem Radar sind.

- **Aufgaben aufteilen**

Große Aufgaben können schnell unüberschaubare Monster werden. Sie in kleinere Teile zu zerlegen ist der Retter der geistigen Gesundheit. Niemand kann alles auf einmal erledigen.

- **Zeitüberprüfung**

  Stelle Alarme, wenn nötig. Das Überwachen deiner zugeordneten Zeiten hilft, dass du nicht abschweifst. Bevor du es merkst, steigt dein Produktivitätsniveau natürlich an.

Weiter geht es mit dem sozialen Aspekt des Lebens... Diszipliniert zu sein bedeutet nicht steif oder langweilig zu sein, sondern es geht darum, Versprechen einzuhalten, pünktlich zu sein und Freunden zu zeigen, dass sie sich auf dich verlassen können. Verantwortung ist großartig! Ob promptes Antworten auf Nachrichten oder Einhalten von Verabredungen, alles ist miteinander verbunden.

Ein guter Trick? Versuche wöchentliche Check-ins mit Freunden oder Familie zu vereinbaren. Genauso wie Mama sagte, dass du unter dem Bett kehren solltest, als Erwachsener, müssen Nachrichten nicht anhäufen, das Warten darauf wird dich stressen! Diese in kleinere Abschnitte zu streuen, wie z.B. jeden Mittwoch deinen besten Freund zu aktualisieren, hilft, fruchtbare Gewohnheiten zu bilden.

Konsistente Routinen in persönlichen, beruflichen und sozialen Bereichen zu entwickeln ist nicht alles verzehrend - es bedeutet konsequent jeden Tag eine bessere Version von dir selbst zu sein. Es gibt ein Zitat, das es perfekt zusammenfasst:

"Die Distanz zwischen Träumen und Realität heißt Handlung."

Diese langanhaltende Disziplin zu wählen anstatt einer sofortigen Ergebnismentalität ist entscheidend. Sich jeden Tag zu verbessern - das wird dein Ziel (ja, ich würde hohe Einsätze darauf setzen, dass dies die Lebensvision verändert). Ziele zu setzen und an ihnen festzuhalten, in allen Bereichen deines Alltags, ist wichtig. Es sind kleine tägliche Versprechen an dich selbst, die gemacht und gehalten werden.

Durch die Anwendung von Verantwortlichkeit in jedem Bereich legst du ein diszipliniertes Muster fest, um später Belohnungen (und etwas Stolz) zu ernten. ▄ Das Wachsen dieser Eigenschaft macht das Abstimmen des Lebens mehr als das Erreichen eines Ziels, es füllt deine Tage mit zweckgerichteten Handlungen, die mit kleinen Siegen für langanhaltende Zufriedenheit gespickt sind. Deine bleibenden 'Ergebnisse' folgen - du musst nicht warten - der Sieg wird entlang dieses disziplinierten Weges gesät... jeden Schritt, den du gefestigt hast.

In diesen Worten und Konzepten stecken sowohl Wert als auch Praktikabilität. Das miteinander verbundene Jonglieren des Lebens verbessert sich mehr als es verbessert - es wird eine lohnende Praxis, jeden Bereich des Erfolgs zu inkrementieren, der mit deinem täglichen Weg verbunden ist. Dort fest zu bleiben kultiviert ein bereichertes Leben in der Zukunft.

Reflexion und Zukunftsplanung

Also, wir sind an diesem Punkt des Prozesses angelangt, an dem es Zeit ist, zu reflektieren und zukünftige Pläne zu machen, indem wir uns darauf konzentrieren, wie wir unsere Stärken und Schwächen mit unseren nächsten Schritten verbinden... Denken Sie darüber nach – wann haben Sie zuletzt wirklich analysiert, worin Sie gut sind und was, ehrlich gesagt, verbessert werden muss? Es ist entscheidend. Regelmäßige Reflexion hält Sie auf Trab (im guten Sinne) – sie bricht die Muster, in denen wir uns zu sehr wohlfühlen, und darin liegt der Schlüssel zu langfristigem Fortschritt.

Das regelmäßige Überwachen von Stärken und Schwächen ist nicht nur wichtig – es ist entscheidend. Nehmen Sie sich Zeit, vielleicht jeden Monat oder jedes Quartal, um zu bewerten, wie Sie sich geschlagen haben. Gibt es konsistente Muster in dem, was Sie gut machen? Gleichzeitig, gibt es Bereiche, in denen Sie konsequent vor Herausforderungen stehen? Eine hilfreiche Möglichkeit, dies zu tun, ist das Führen eines Tagebuchs. Notieren Sie, was Ihnen schwerfiel, was mühelos von der Hand ging, was Sie begeisterte und was Sie gelangweilt hat. Im Laufe der Zeit werden Sie Trends erkennen.

Nun verbinden wir diese Reflexion mit zukünftigem Handeln. Denken Sie daran, als Sie das Fahrradfahren lernten. Sie sind wahrscheinlich ein paar Mal hingefallen... Dutzende Male, bevor es endlich klappte, Sie aufstanden (vielleicht "Ich hab es geschafft!" riefen) und wie der Wind fuhren. Setzen Sie zukünftige Ziele mit derselben Einstellung. "Ok, was hat funktioniert, was nicht, und wie möchte ich wachsen?" wird zum täglichen Mantra. Das bedeutet nicht, dass es jedes Mal perfekt klappt, aber die Analyse der vergangenen Leistungen liefert Ihnen Daten – mächtige Informationen!

Die Erstellung eines umsetzbaren Plans ist der Ort, an dem die Magie passiert. Es ist wie das Pflanzen von Samen (aber hier geht es nicht um Pflanzen) – kontinuierliches Wachstum ist das Ziel. Teilen Sie große Ziele in kleine, handliche Aufgaben auf. Es fühlt sich einfacher und weniger überwältigend an. Wenn zum Beispiel das Verbessern des öffentlichen Sprechens Ihr Ziel ist – versuchen Sie nicht, sofort bei einer großen Veranstaltung zu sprechen. Beginnen Sie mit Gesprächen in kleinen Gruppen, dann vielleicht mit einem größeren Team, und steigern Sie allmählich, wenn Sie sich wohler fühlen.

Hier ist eine praktische Möglichkeit:

Schritt 1: Bewerten Sie Ihre Leistung regelmäßig

- Führen Sie ein Tagebuch, um zu notieren, was schwer oder einfach war.
- Identifizieren Sie konsistente Muster in Aufgaben, Emotionen oder Ergebnissen.

Schritt 2: Setzen Sie Ziele basierend auf Ihrer Analyse

- Verwenden Sie die Leistungshinweise, um spezifische, erreichbare Ziele zu setzen.
- Priorisieren Sie basierend auf Ihren eigenen Gefühlen von Begeisterung und Schwierigkeit.

Schritt 3: Erstellen Sie handliche Aktionspläne für das Wachstum

- Teilen Sie Ziele in kleinere Aufgaben auf – kleinere Erfolge steigern die Moral.
- Stellen Sie sicher, dass jede Aufgabe zeitgebunden ist, um sich selbst verantwortlich zu halten.

Zum Beispiel reflektiert jemand, dass er schwierige Aufgaben immer bis zur letzten Minute aufschiebt. Ein Ziel könnte sein, besser mit der Zeit umzugehen, und ein umsetzbarer Plan wäre, während der Woche Minifristen festzulegen. Das Wachstum ergibt sich dann aus dem konsequenten Einhalten dieser Minifristen, dem Lernen auf dem Weg und der Anpassung bei Bedarf.

Lassen Sie uns die Bedeutung, dies alles regelmäßig zu tun, unterstreichen. Ohne regelmäßige Reflexion und Planung ist es wie in einem dicken Nebel herumzuirren. Wie es der Titel besagt, **„Effektive Verwaltung der Aufgabenevaluierung und Reflexion... ist das Geheimnis für anhaltende Verbesserung und Wachstum!"** Machen Sie es jedoch spaßig! Reflexion kann einschüchternd und ernsthaft erscheinen, muss es aber nicht, wenn sie umfassend und konsequent in Ihren Alltag eingewoben wird.

Also, schnappen Sie sich das Tagebuch, beginnen Sie zu notieren und zu bewerten, setzen Sie erreichbare Ziele basierend auf Ihren Bewertungen, erstellen Sie handlungsfähige Schritte, und lassen Sie uns sehen, wie Sie einen unaufhaltsamen Schwung Planet... Stück für Stück aufbauen können.

Lasst uns praktisch werden!

Und los geht's... direkt eintauchen in die Schönheit eines disziplinierten Lebens! In dieser Übung gehen wir schrittweise vor, um alles umzusetzen, was in Kapitel 9 unseres schönen Buches "Die Kraft der positiven Selbstdisziplin" gelehrt wird. Unser Ziel? Dauerhafte Ergebnisse sicherstellen, indem du Selbstdisziplin in deinem täglichen Leben meisterst. Bereit, loszulegen? Lass uns loslegen!

Langfristige Motivationen setzen

Denke darüber nach, was wirklich dein Feuer entfacht - diese großen Träume, die deine Augen strahlen lassen. Schreibe diese langfristigen Ziele auf. Sprich mit dir selbst darüber; frage: „Warum will ich das?" Zum Beispiel, wenn dein Ziel ist, einen Marathon zu laufen, notiere die Gründe dafür, wie die Verbesserung der Gesundheit, den Aufbau von Ausdauer oder sogar das Sammeln von Spenden. **Das Aufschreiben vertieft dein Engagement.**

Kaizen umsetzen

Übernimm die Methode der kontinuierlichen Verbesserung... genau, wir sprechen hier von Kaizen. Für dein Marathon-Ziel, fange damit an, bescheidene, inkrementelle Veränderungen in deine Routine zu integrieren. Das könnte bedeuten, dass du mit einer halben Meile Joggen dreimal pro Woche beginnst. Verfolge deinen Fortschritt! Für jeden kleinen Erfolg, feiere ein wenig – belohne dich vielleicht mit einer zusätzlichen Stunde einer TV-Show, die du genießt. Kleine Veränderungen im Laufe der Zeit summieren sich zu großartigen Transformationen.

Balance finden: Ruhe & Anstrengung

Balance ist ein unbesungener Held. Du arbeitest hart für diesen Marathon, aber deine Ruhe ist genauso wichtig. Plane Ruhepausen, um Überlastung zu vermeiden – denke an Muskelregeneration, mentale Erneuerung und das Einhalten einer nachhaltigen Routine. Es ist in Ordnung, sich zu entspannen und ein Buch zu lesen oder ab und zu einen Film anzuschauen. Es ist auch Gold für die Seele, sich mit einem Freund in einem Café niederzulassen. Und vertraue darauf, deine Beine (und dein Geist) werden es dir danken.

Disziplin in allen Lebensbereichen

Konsequenz ist dein täglich Brot... lass uns dieses Brot so gleichmäßig wie möglich über alle Bereiche deines Lebens verteilen. Beginne damit, regelmäßige Zeiten für Aktivitäten im Zusammenhang mit deinem Ziel einzuplanen. Nehmen wir an, du möchtest neben dem Training für den Marathon das Gitarrespielen lernen? Super! Widme jede Woche eine spezifische Stunde ausschließlich dem Musizieren und halte dich konsequent daran. Diese Gewohnheit bedeutet Disziplin überall und verwandelt dich in eine Kraft der Produktivität.

Reflektionssitzung

Nimm dein Tagebuch zur Hand oder öffne ein neues Dokument auf deinem Gerät. Zeit für eine herzliche, ehrliche Reflektion. Schreibe jede Woche auf, was funktioniert und was nicht. Hast du deine Laufziele erreicht? Wenn ja, wie hat es dich fühlen lassen? (Ja, ruhm ein wenig!) Wenn nicht, sei freundlich zu dir selbst und identifiziere warum. Hier findet zukünftige Planung statt – überarbeite, welche Anpassungen in deinem Plan nötig sind. Sortiere es wie beim Gespräch mit einem Freund... nur, dass dieser Freund du selbst von letzter Woche bist.

Beispiel für eine Reflektion: „Diese Woche bin ich dreimal gelaufen, habe aber am Donnerstag ausgelassen, weil ich mit Freunden ein mittwöchentliches Festmahl genossen habe. Habe jede Sekunde genossen. Für nächste Woche werde ich meinen Ruhetag auf Donnerstag verschieben und vor dem Genuss einen Abendlauf ausprobieren."

Zukünftigen Erfolg visualisieren

Setze deine kreativen Gehirne in Bewegung! Stelle dir das erfolgreiche Endergebnis deiner Ziele mit selbstdisziplinierten Gewohnheiten in deinem täglichen Ablauf vor. Sieh dich selbst die Ziellinie des Marathons überqueren, stelle dir den Applaus vor und genieße diesen zukünftigen Sieg. Male ein lebendiges mentales Bild, aber mit realistischen Nuancen.

Beispiel: Visualisiere nicht nur den Ruhm des Abschlusses, sondern auch die Momente des Scheiterns, die du auf dem Weg überwunden hast. Echte Siege sind die harten, die durch Anstrengung und Mühe errungen wurden.

Feiere die Meilensteine

Nach all dieser harten Arbeit halten dich kleine Feiern motiviert. Hast du deinen längsten Lauf bisher absolviert? Gestatte dir danach dein Lieblingsgebäck (ich nehme das Croissant, bitte!). Hast du dich an deinen Gitarrenplan gehalten? Schaue den Film ohne Schuldgefühle.

Klopfe dir auf die Schulter – nein, wirklich, tu es! Disziplin verdient Anerkennung.

Schlagen deine Füße im Takt unseres praktischen Handbuchs für dauerhafte Ergebnisse durch Disziplin? Perfekt! Da hast du es... eine reibungslose, praktische, fachjargonfreie Fahrt, um die Fähigkeiten, die du in Kapitel 9 erworben hast, zu beschwören. Fülle jeden mit herzhaften Anstrengungen, unterstützt von täglicher

Disziplin und einer Prise Geduld, und du überlebst nicht nur, sondern blühst absolut auf.

Spiel vorbei! Du bist auf dem Weg, diese dauerhaften Ergebnisse zu erreichen.

Fazit

"Selbstdisziplin beginnt mit der Beherrschung deiner Gedanken. Wenn du nicht kontrollierst, was du denkst, kannst du nicht kontrollieren, was du tust." - Napoleon Hill.

Also, wir haben das Ende dieses Buches erreicht - die **Reise** durch Die Kraft der positiven Selbstdisziplin. *Fühlst du dich schon inspiriert?* Lassen Sie uns das zusammenfassen und Sie mit Ihren neu erworbenen Fähigkeiten ausstatten, um die Welt zu erobern.

Von Anfang an haben wir die Wissenschaft hinter der positiven Selbstdisziplin aufgedeckt. Wir begannen damit, positive Disziplin, ihre biologische Grundlage und wie Willenskraft in unseren Gehirnen funktioniert, zu erforschen. Faszinierend ist, wie Emotionen eine bedeutende Rolle in unserer Fähigkeit spielen, diszipliniert zu bleiben. Positive Disziplin hilft uns nicht nur, unsere Ziele zu erreichen, sondern es kommt auch unserer geistigen Gesundheit sehr zugute. Es ist wie das Stapeln von Ziegeln, um eine Festung zu bauen, solide und nützlich.

Als wir uns dem Verständnis von Veränderung zuwandten, erforschten wir, wie wir den Bias überwinden können, der uns in unseren Komfortzonen verankert hält, und identifizierten Möglichkeiten, die Angst vor dem Voranschreiten zu überwinden. Mit Widerstandsfähigkeit und positivem Denken haben Sie die Kraft von Mentalitätssprüngen erlernt und Ihre eigene Vision für persönliches Wachstum geschaffen, wie das Malen eines Meisterwerks mit einem Pinselstrich nach dem anderen.

Ah, mentale Stärke! Dieser Teil war entscheidend. Wir haben entdeckt, was mentale Stärke wirklich bedeutet und wie man sie stärkt. Fokus, exekutive Funktionen, kognitive Flexibilität und

Impulskontrolle sind die Kernpfeiler. Stellen Sie sich diese als Schärfwerkzeuge vor, die Sie Ihrem Werkzeugkasten hinzugefügt haben, von denen jedes eine spezifische, wichtige Aufgabe erfüllt.

Doch damit haben wir nicht aufgehört - das Setzen von Zielen mit Absicht, das Entwickeln produktiver Gewohnheiten, das Verstehen von SMART-Zielen, Visualisierung und Routinen haben alle Schichten zu unserem Rahmen hinzugefügt. Diese Werkzeuge sind Ihre Karten, die Sie dabei unterstützen, Hügel und Täler zu überwinden, während Sie voranschreiten.

Im Abschnitt zur praktischen Anwendung, wer könnte die Zeitmanagementtechniken vergessen? Pomodoro, Zeitblockierung und die Eisenhower-Matrix dienen alle dazu, Ihre Stunden zu maximieren. Tiefenarbeit und kleine Routineänderungen, wie die Zwei-Minuten-Regel, bieten Wege für effiziente und produktive Tage.

Schließlich, langfristige Ergebnisse durch konsequente Praxis zu erzielen - ist das nicht, was wir alle anstreben? Nachhaltige Motivation, Kaizen, das Ausbalancieren von Arbeit und Ruhe sowie die Integration von Disziplin in verschiedene Lebensbereiche runden das Toolkit ab.

Ihr letzter Schritt? *Anwenden.* Nehmen Sie das Gelesene, das Gelernte und üben Sie es täglich. Es geht darum, diese Erkenntnisse zu übernehmen und in Ihren Lebensrhythmus zu integrieren. Selbstdisziplin kann Ihnen wie nichts anderes dienen und in jede Ecke Ihrer Welt eindringen.

Hier ein persönlicher Gedanke - die Meisterung der Selbstdisziplin fühlt sich an wie das Freischalten einer verborgenen Stärke, die Sie immer besessen haben, aber nie gekannt haben. Also gehen Sie selbstbewusst hinaus und lassen Sie diese Techniken Ihre Gegenwart und Zukunft formen. Es ist Zeit für Aktion und endlose Möglichkeiten...

Ihr bestes Leben erwartet Sie. Lassen Sie es uns ergreifen!

Eine Bewertung würde helfen!

Indem du einen unabhängigen Autor unterstützt, unterstützt du einen Traum.

Wenn du zufrieden bist, hinterlasse bitte ein ehrliches Feedback, indem du diese Schritte befolgst:

- **Klicke** auf den unten stehenden Link
- **Wähle** das Cover des Buches, das du gekauft hast
- **Klicke** auf Bewertung
- **Absenden**

Wenn du Verbesserungsvorschläge hast, sende bitte eine E-Mail an die Kontakte, die du unter dem unten stehenden Link finden kannst.

Alternativ kannst du **den QR-Code scannen** und den Link finden, nachdem du dein Buch ausgewählt hast.

Es dauert nur wenige Sekunden, aber deine Stimme hat einen enormen Einfluss.

Besuche diesen Link, um ein Feedback zu hinterlassen:

https://pxl.to/LoganMind

Werde Teil meines Rezensionsteams!

Vielen Dank, dass du mein Buch gelesen hast! Deine Zeit und dein Interesse bedeuten mir viel. Ich würde dich gerne einladen, Teil meines **Rezensionsteams** zu werden. Dein ehrliches Feedback wäre unglaublich wertvoll, und als Bonus erhältst du eine kostenlose Kopie aller neuen Bücher, die ich veröffentliche.

Folge diesen einfachen Schritten, um dem ARC-Team beizutreten:

- Klicke auf den Link oder scanne den QR-Code.
- Klicke auf das Buchcover auf der geöffneten Seite.
- Klicke auf "Trete dem Rezensionsteam bei".
- Melde dich bei **BookSprout** an.
- Erhalte Benachrichtigungen, sobald ich ein neues Buch veröffentliche.

Schau dir das Team hier an:

https://pxl.to/LoganMind